SAMMLUNG GÖSCHEN BAND 61

REDETECHNIK

EINFÜHRUNG IN DIE RHETORIK

von

DR. HERBERT BIEHLE

2., erweiterte Auflage

WALTER DE GRUYTER & CO.
vormals G. J. Göschen'sche Verlagshandlung · J. Guttentag, Verlagsbuchhandlung · Georg Reimer · Karl J. Trübner · Veit & Comp.
BERLIN 1961

INHALT

Vorwort zur 2. Auflage

Dieser Band, entstanden nach vieljähriger, fast täglicher Schulung von Redeinteressenten aller Kreise zu den verschiedensten Zwecken, vermittelt die hauptsächlich vor einer Zuhörerschaft anzuwendende Redetechnik, nicht zu verwechseln mit Sprechtechnik, Gesprächsführung, Verhandlungstaktik und Vortragskunst.

Da die Erfahrungen und Erlebnisse von Rednern instruktives Anschauungsmaterial bieten, wurde eine umfangreiche Memoiren-Literatur ausgewertet, um durch lebendige, aus Raummangel allerdings auf das Wesentlichste konzentrierte Beispiele, teilweise wenigstens durch Literaturhinweise im Text, auch der Fachwelt kulturgeschichtliche Quellen der Rhetorik zugänglich zu machen.

Eine ergänzende Darstellung der stimmlichen Aufgaben des Redners liegt in der „Stimmkunde" der Sammlung Göschen Band 60 auf Grund jahrzehntelanger Unterrichtspraxis des gleichen Verfassers vor.

I. Voraussetzungen

1. Rede oder Schreibe?
Publizistische Grenzen zwischen Wort und Schrift

Wer seinen Mitmenschen ein Geistesprodukt übermitteln will, hat dazu das Medium des gedruckten und des geschriebenen Wortes, wobei folgende Varianten bestehen:

Erstens bedienen sich unzählige Geistesarbeiter *beider Formen,* vor allem Forscher und Hochschullehrer in Aufsätzen und Büchern, in Vorlesungen und Vorträgen.

Zweitens kann eine *Beschränkung auf das Gedruckte* verschiedene Anlässe haben: Angst und Schüchternheit vor Zuhörern, mangelndes Stimmorgan, ungeschicktes oder behindertes äußeres Auftreten.

Dritte Variante ist der *Nur-Redner:* wenn Hemmungen fehlen, kann er u. U. eine Beredsamkeit entfalten, die gar keiner schriftlichen Vorbereitung und Fixierung bedarf, ja, er fühlt sich durch Aufzeichnungen eher gehindert, — übrigens ein gefährlicher Typ von Redner, weil er durch Improvisationen vom Thema abschweift und sich hinterher an das Gesagte nicht mehr erinnern kann.

Um die publizistischen Grenzen zwischen Wort und Schrift aufzuzeigen, wird im folgenden, wohl erstmalig, der Versuch einer übersichtlichen Konfrontierung gemacht, ausgehend von F. Th. Vischers bekanntem Ausspruch „Eine Rede ist keine Schreibe“ sowie der von R. Benz mit prominenten Beispielen (Thode und Görres) belegten Feststellung:: „Der geborene Redner ist nicht unbedingt ein guter Schriftsteller“.

1. Der Autor eines Druckwerkes schreibt für ihm unbekannte, an Zahl unbegrenzte Leser, ohne zu wissen, wie diese reagieren werden.

Der Redner dagegen sieht an den Gesichtern und dem Verhalten der Zuhörer, wie seine Rede wirkt, so daß ihn unerwartete Reaktionen zu Abänderungen veranlassen oder zwingen können.

2. Der Autor hat drucktechnische Möglichkeiten, im Schriftbild deutlich zu machen, was wichtig ist, wo ein Abschnitt beginnt oder endet usw.

Der Redner muß Aufbau und Gliederung mit allen rhetorischen Mitteln erkennbar zu machen in der Lage sein, um seinen Zuhörern die Übersicht zu erleichtern.

3. Beim Gedruckten ist nur der Kopf des Autors maßgebend, seine Gedanken werden durch die Druckerschwärze vermittelt.

Bei der Rede kommt zum Kopf noch der Kehlkopf, d. h. Stimme und Vortrag können die Gedanken wirkungsvoll machen, aber auch einen schwachen Inhalt verdecken. Kopf und Kehlkopf sollten deshalb gleichermaßen beteiligt sein. Beispiele hierfür:

Bismarck urteilte über von Radowitz, einen glänzenden Redner, aber schlechten Politiker: „Ich habe selten einen so überwältigenden Eindruck eines Redners auf eine Versammlung gesehen, wie von einzelnen Reden des Herrn von Radowitz die Zuhörer aufs mächtigste ergriffen waren. Als ein neben mir sitzender Kollege Tränen darüber vergoß, beantwortete er meine etwas kühle Frage, warum er denn weine, mit Entrüstung damit, daß er mich der Herzlosigkeit beschuldigte. Ich habe denselben Herrn am nächsten Tage, wo die Rede *gedruckt* vorlag, gefragt, was es denn gewesen sei, worüber ich hätte weinen müssen, darauf antwortete er: ‚Wenn ich die Rede gedruckt lese, macht sie nicht den Eindruck‘; er konnte nicht einmal wiedergeben, was ungefähr darin stand, aber der Ausdruck des Gesichts, die Stimme, die Persönlichkeit hatten ihn hingerissen“ (nach Wunderlich).

Sir Austen Chamberlain glaubt, daß es niemandem, der Gladstones Reden heute liest, möglich ist, die Wirkung zu ermessen oder zu verstehen, die sie damals auf ihre Zuhörer ausübten: „Die langen, verschlungenen Satzgefüge machen alle Druckerkunst zuschanden und erschöpfen die Geduld des Forschers, da sie für den Leser nun einmal von der Persönlichkeit des Redners geschieden sind, gelöst auch von der sittlichen Leidenschaft, die von Gladstone ausging. Und doch: wie diese Worte von seinen Lippen strömten, da hatte jeder Haupt- und jeder Nebensatz, jeder Eigenschafts- und jeder Bedingungssatz wie selbstverständlich seine richtige Stellung. Und die Zuhörer fühlten nicht nur, daß sie dem reinen Strom echter Rede lauschten, sondern waren auch überzeugt, sie verstanden zu haben".

Bebels Reden wirkten durch seinen zornigen und temperamentvollen Vortrag, machen aber auf den *Leser* einen wesentlich geringeren Eindruck; wie schon Naumann prophezeit hatte, daß „sie sich in der Literatur nicht halten werden."

Gedruckte Predigten verhalten sich zu einer gehörten Predigt bestenfalls wie Konserven zur Frischkost, deshalb würde wohl, so meint J. Günther, kaum ein Nichtgläubiger durch die Lektüre bekehrt werden, was beim Anhören durchaus möglich ist.

4. Der Schriftsteller kann *in Ruhe* schreiben, ändern und feilen.

Bei der Augenblicksproduktion einer Rede muß mit kleinen Unebenheiten, speziell syntaktischer und grammatikalischer Art, gerechnet werden, und es ist für den darüber verärgerten Redner beruhigend, daß diese den meisten Zuhörern nicht bewußt werden.

Als Beispiel dienen die Erfahrungen Gustav Freytags im Reichstag: „Bei einem erfolglosen Versuch auf der Tribüne machte ich die Beobachtung, daß ich noch nicht das Zeug zu einem Parlamentsredner besaß und dafür längerer Übung bedurft hätte, die Stimme war zu schwach, den Raum zu füllen, ich vermochte bei dem ersten Auftreten die unvermeidliche Befangenheit nicht zu überwinden, auch war ich durch langjährige Beschäftigung in der *stillen Schreibstube* wohl zu sehr an das langsame und ruhige Ausspinnen der Gedanken gewöhnt, welches dem Schriftsteller zuteil wird. Diese Erkenntnis tat mir im geheimen doch weh, obwohl ich sie weltmännisch zu bergen suchte."

5. Vom Autor einer größeren gedruckten Arbeit (Buch, Broschüre) wird man erwarten, daß er seinen Stoff systematisch durchführt, dadurch legitimiert er sich als Fachmann und Kenner der Materie.

Dagegen steht kaum jemals so viel Zeit zur Verfügung, um in einer einzigen Rede den Stoff systematisch aufzurollen. Der Redner wird deshalb an typischen Beispielen das Wesentliche exemplifizieren und dabei die Systematik seines Themas *andeuten.*

6. Das Gedruckte enthält die Gedanken und Gefühle des Autors, bevor sein Geistesprodukt an die Leser gelangt.

Der Redner dagegen muß fähig sein, Gedanken und Gefühlen, die er noch kurz vor und vor allem *während* der Rede hat, Ausdruck zu geben. Beispiele:

Prinz Max von Baden über seine Rede im Badischen Landtag, 14. Dezember 1917: „*Je näher ich an das Ende kam, desto fester* wurde ich in der Hoffnung, daß ich nicht für mich allein sprach, sondern ..."

Prof. Ludwig Curtius über eine politische Versammlung im Rathaussaal eines Schwarzwaldstädtchens im Winter 1918: „Dieses andächtig lauschende Häuflein Menschen wirkte so stark auf mich in dem betsaalähnlichen Raum mit den altarähnlichen Kerzen (das elektrische Licht war ausgeblieben), daß ich meinen Vortrag in seinem ganzen Plan *gänzlich änderte* und statt von Parteipolitik von Wesen und Aufgabe des deutschen Geistes sprach, wobei ich mich selbst *in eine solche Ergriffenheit hineinredete,* daß ich mir am Schluß statt Beifall Orgelklang und Choral wünschte." Die Genannten haben also während ihrer Rede noch neue Gedanken und Gefühle gehabt, die den Redeablauf beeinflußten.

7. Im Schutze der eigenen vier Wände läßt sich am Schreibtisch mutig publizieren und kühn streiten, solange niemand widerspricht; denn Druckpapier ist geduldiger als lebende Menschen.

Der Redner aber, seinen Hörern preisgegeben, wird sich, wie schon die Bibel vielfach mahnt, vor falschem Zungenschlag hüten müssen, der sich auch durch äußere Unsicherheit verraten könnte.

8. Gedrucktes läßt sich *wiederholt* lesen, namentlich um Nichtverstandenes zu klären; durch späteres Wiederlesen kann der frühere Eindruck noch vertieft werden.

Die Rede dagegen ist ein *einmaliger* Vorgang, der sich voraussichtlich in gleicher Form nicht wiederholen wird. Hieraus erwächst dem Redner die Verpflichtung zu höchster Deutlichkeit und Klarheit, damit nicht *er* Schuld hat, wenn Mißverständnisse entstehen, und den Zuhörern die Verpflichtung zu größter Aufmerksamkeit, damit nicht durch Versäumen eines wichtigen Satzes oder auch nur eines Wortes das Verständnis für alles Folgende verlorengeht.

9. Der Leser eines Druckwerkes urteilt als *Einzelperson* nach seiner augenblicklichen, individuellen, für das Verständnis des Gelesenen günstigen oder auch abträglichen Stimmung. Somit kann die Lektüre sehr verschiedenartig wirken.

Die Zuhörer einer Rede dagegen bilden eine *Gemeinschaft,* deren Urteil entscheidend ist, nicht das des Einzelnen; deshalb wird der Redner durch Kenntnis und Anwendung der *Massenpsychologie* Nutzen für seinen Erfolg ziehen.

10. Mit der Drucklegung bleibt das Geistesprodukt in der gleichen Form der Nachwelt erhalten, wie sie vom Autor festgelegt worden ist.

Zur Konservierung einer Rede dagegen genügt ihre Drucklegung nicht, sondern es wäre zum mindesten ihre Erhaltung auf Schallplatte oder Tonband nötig, die es ermöglicht, auch zu *hören, wie* der Inhalt dargeboten wurde, noch besser im Tonfilm, der zusätzlich die Persönlichkeit des Redners *sehen* läßt.

An Hand dieser Übersicht kann sich der Publizist selbst klar werden, welche Art der Übermittlung seiner Gedanken die ihm gemäße ist, welche Anforderung sie jeweils stellt und welche Grenzen sie ihm zieht; er wird dadurch vermeiden, eine Rede zu halten, die „wie gedruckt" wirkt, und nicht so sprechen, wie man schreibt, vor allem keinen „papiernen Stil". Umgekehrt ist dem Schreibstil die Lebendigkeit der Rede zu wünschen. Die Vorschrift „Schreibe, wie Du sprichst" nennt C. A. Werner eine Irrlehre: „Das gesprochene Wort vergeht, das geschriebene Wort besteht. Schreiben und Sprechen haben zweierlei Wirkung und Nachwirkung".

Werden die spezifischen Unterschiede zwischen Geschriebenem (Gedrucktem) und Gesprochenem *mehr als bisher beachtet,* dürften beide Formen in ihren Wirkungsmöglichkeiten gewinnen; denn schon Goethe, in seiner Leipziger Studentenzeit, „schienen Reden und Schreiben ein für allemal zweierlei Dinge, von denen jedes wohl seine eigenen Rechte behaupten möchte".

Während das Gedruckte in Bibliotheken vereinigt ist, fehlt uns noch ein entsprechendes *Redner-Archiv,* das für Studien- und Lehrzwecke wünschenswert wäre.

2. Rednerschulung

Schon seit der *Antike* kennen wir *Rednerschulen;* damals handelte es sich vorwiegend um einen Meister, der einen Schülerkreis um sich scharte, wie z. B. Isokrates, von dem wir noch mehr hören werden. Es gab auch den Beruf des Logographen, den Demosthenes 10 Jahre ausgeübt hatte, ehe er Redner wurde: Ein Rede- und Rechtskundiger arbeitete für einen Auftraggeber dessen vor Gericht zu haltende Anklage- oder Verteidigungsrede aus.

Im Lehrplan der mittelalterlichen Schulen finden wir das Fach der Rhetorik unter den 7 freien Künsten. Besonders die Schulen der *Jesuiten* haben bis in die Neuzeit hinein Rhetorik als das Wichtigste betrachtet. Die Jesuiten wollten die Welt für ihren Glauben und ihren Orden erobern, dazu brauchten sie redegewandte Angehörige. Trotz straffer Schulung nach den klassischen Vorbildern Ciceros und Quintilians führte barocke Wortfechterei auch zu mancher dialektischen Schärfe.

Daß die *katholische* Kirche für die rhetorische Ausbildung ihrer Geistlichen traditionsgemäß viel getan hat, beleuchtet eine Äußerung Goethes, der in Frankfurt die Rede eines Freundes mit Ton und Gebärden eines Kapuziners vorgetragen fand und darüber sagt: „da er katholisch war, so mochte er genugsame Gelegenheit gehabt haben, die Redekunst dieser Väter zu studieren".

Für die den *evangelischen* Gottesdienst beherrschende Predigt, durch die räumliche Stellung der Kanzel unterstrichen, erwächst den theologischen Ausbildungsstätten die Aufgabe entsprechender Schulung für rednerische und stimmliche Leistungen.

Eine vorwiegend taktische Ausrichtung für den politischen Kampf in Redeschlachten bieten die *Parteien und Gewerkschaften* ihren Mitgliedern; wird doch die Partei mit den besten, im Wahlkampf an den wichtigsten Punkten eingesetzten Rednern das Rennen machen.

Während die *Volkshochschulen* unter Teilnahme weiter Kreise der Bevölkerung Rede- und Diskussionsübungen durchführen, ist dieses Fach an den Universitäten noch keineswegs seiner allgemeinen Bedeutung entsprechend vertreten.

Mehrfach haben sich Studenten außerhalb ihrer Alma mater zu Redeübungen vereinigt, so Graf E. Dürckheim-Montmartin in einem Straßburger Abendkränzchen und Duff Cooper in einem Etoner Debattierklub.

Wir entsinnen uns der Schulzeit, in der erste Versuche von Vorträgen und Referaten stattfanden. Diese Schülerreden, von denen F. Braun, Fürst Bülow, Feuchtwanger, Heuss, H. A. Krüger, A. Martin, L. Schemann, F. Schumacher und R. Wright zu berichten wissen, bestanden in Wirklichkeit im Vorlesen eines Aufsatzes, das uns allerdings vor Lehrer und Mitschüler aufs Katheder brachte, oder es wurde ein auswendig gelernter Aufsatz vorgetragen: eine gewagte Sache, weil man dabei stekken bleiben kann. Beide Wege, bei denen gerade das rhetorisch Wesentlichste unberücksichtigt blieb, führten nicht zur freien Rede.

Wer sich entschlossen hat oder beruflich gezwungen ist, als Redner zu wirken, wird sich als erstes bemühen, überall Redner anzuhören und ihre Eigenarten zu *studieren*, dabei Auffallendes festzustellen:
etwa: so schnell darf man nicht sprechen,
oder: die Gedanken waren ungeordnet,
oder: das war viel zu laut für den kleinen Saal gesprochen,
oder: der Schlußteil war endlos, es dauerte überhaupt viel zu lange.

Wir beachten aber auch das Nachahmenswerte: die Ruhe eines Politikers, der sein Temperament zügelte, die zu Herzen gehenden Worte eines Kanzelredners, die anschauliche, lebendige Art eines Dozenten. Indem wir andere Redner *kritisieren*, werden wir auch gegen uns selbst kritisch und stellen fest, worin wir anderen gegenüber bestehen zu können glauben und was uns dagegen noch fehlt.

Es dürfen dabei keinerlei Minderwertigkeitskomplexe aufkommen, etwa unter der Devise: ich als Handwerksmeister, ich als Dienstanwärter, ich als Hausfrau bin viel zu unbedeutend, um als Redner Interesse bei anderen zu finden. Das wäre eine ganz falsche Auffassung, die den Weg zum Redner verbaut. Wissen wir doch von vielen Menschen, daß sie gerade erst durch ihre Reden, vielleicht schon durch eine einzige, Bedeutung erlangt haben, eine Bedeutung, die sie sonst niemals erzielt hätten. Und das kann sich für das berufliche Vorwärtskommen, für das Geschäft, für den Lebenserfolg sehr günstig auswirken.

Wir greifen hierzu ein bekanntes Beispiel heraus: Clemenceau, ursprünglich Arzt, war als Deputierter durch glänzende Rednergabe aufgefallen, die ihm eine große staatspolitische Karriere ermöglichte. Sein Interessse für die Redekunst hat sogar in einer Biographie über Demosthenes Ausdruck gefunden, wurde er doch selbst ein moderner Demosthenes.

Nehmen wir an, in X-Stadt gibt es 50 Vertreter einer bestimmten Berufsgruppe, mögen es Beamte oder Bäckermeister oder Bauingenieure sein. Diese brauchen einen Kollegen, der ihre Berufsinteressen in der Öffentlichkeit vertritt. 49 von ihnen trauen es sich nicht zu, weil sie auf dem — falschen — Standpunkt stehen: ich als Beamter, ich als Bäcker, ich als Bauingenieur brauche keine Reden zu halten, kann und will es gar nicht, denn ich habe nur mit Akten, meiner Backstube, meinen Bauzeichnungen zu tun.

Aber einer von den 50 übernimmt diese Aufgabe, er tritt jetzt aus der Kollegenschaft hervor, vertritt ihre Berufsinteressen sogar auf einer Massenversammlung über die „Beamtengesetze" oder über „Brot und Politik" oder über den „Wiederaufbau unserer Stadt". Nun steht er mitten in der Debatte um diese Probleme, man kann ihn nicht mehr umgehen oder übersehen, sein Name wird in der Presse genannt. Von seinen Mitbürgern vielbeachtet und geachtet, macht er eine Karriere, die ohne Rednertätigkeit nicht zu erwarten gewesen war.

Einen solchen Fall hat S. Lewis mit seinem Romanhelden, dem Ländereiagenten Babbitt gezeigt.

Diese Aussichten dürften Ansporn, zum mindesten eine ganz neue Einstellung zum Redenhalten geben. Aber vielleicht kommen dem Zaghaften und Unentschlossenen doch noch Zweifel: ob denn Redenhalten überhaupt *lernbar und lehrbar* sei? Selbstverständlich, lautet die Antwort, wenn auch mit unterschiedlichen Resultaten, und nicht jeder wird ein Demosthenes. Nur durch lebendigen Unterricht im geistigen Klima einer Gemeinschaftsarbeit kann Redenhalten gelernt werden, nicht durch häusliche Schreibübungen sich selbst überlassen.

In einem *Rednerkursus* finden wir Gleichgesinnte, ja Leidensgenossen mit gleichen oder ähnlichen Redeschwierigkeiten wie wir sie haben. Das ist schon tröstlich und beruhigend: es geht uns nicht allein so. Deshalb kommt es als erstes darauf an, mit den anderen Teilnehmern persönliche Fühlung zu nehmen, mit Nachbarn zum mindesten sich bekannt zu machen, vielleicht auf dem Nachhausewege Unterhaltung zu pflegen. Dann mindern sich die Hemmungen vor den anderen, womit schon viel gewonnen ist.

Persönlichen Kontakt von Mensch zu Mensch zu gewinnen, heißt die Hauptaufgabe des *Kursusleiters*, der sich niemals als Lehrer vor Schülern fühlen darf, sondern vor allem menschliche Beziehungen zu den Teilnehmern gewinnen und festigen sollte. Er darf schon nach dem ersten Abend kein fremder Dozent mehr sein, sondern ein freundlicher Helfer, vor dem Hemmungen zu haben kein Anlaß besteht.

Parallel mit der theoretischen Anleitung geht die Aktivierung der Hörer (s. Biehle: Zur Methodik der Rednerschulung). Der erste Schritt hierzu sind *Leseübungen:* am Platze stehend liest jeder Teilnehmer aus hierzu geeigneter Literatur vor. Schon diese ungewohnte Aufgabe kostet manchem Überwindung. Die anderen werden durch das Anhören verschiedener Stimmen und Menschen angeregt, sich zu äußern, was ihnen dabei auffällt. Anschließend wird jeder gefragt, was ihn veranlaßt hat, einen solchen Kursus zu besuchen, ob er Erfahrungen oder Wünsche hat. *Was* hierbei gesagt und *wie* es gesagt wird, ist schon sehr aufschlußreich: es ermöglicht Einblicke in die verschiedensten Situationen, Erlebnisse und Absichten. Auch Teilnehmer ohne einen besonderen Zweck, nur zur Allgemeinbildung, sind selbstverständlich ebenso willkommen.

Mit diesem ersten Schritt rednerischer Aktivierung ist das Eis gebrochen.

Wichtige Stationen auf dem Wege zum Redeziel sind *Diskussionsübungen* und zwar in verschiedenen Nuancen:

Erstens in harmloser Form, vergleichbar dem Schießen mit Platzpatronen, wobei von den Plätzen aus stehend gesprochen wird, nachdem der Dozent in einem Kurzreferat einige Grundgedanken zur Ankurbelung der Diskussion vorausgeschickt hat.

Zweitens in anspruchsvollerer Form über ein vorher verabredetes Thema, zu dem möglichst zwei Teilnehmer ein Referat resp. Korreferat halten (ohne deshalb immer gegensätzliche Auffassungen zu vertreten), wonach jeder Diskussionsredner ans Pult kommen muß.

Drittens das Gleiche in Form einer Versammlung, wobei ein Teilnehmer die Versammlungsleitung, ein weiterer das Protokollieren übt.

Nur ganz Schüchternen wäre als Ausnahme zu erlauben, auch dann noch vom Platze aus zu sprechen, was aber nicht zu einem Durcheinanderreden mehrerer führen darf.

Auch ein an der ersten Diskussion noch nicht aktiv Teilnehmender hat nun eine solche aus nächster Nähe erlebt; er wird wahrscheinlich inzwischen Lust und Mut bekommen haben, bei nächster Gelegenheit zu einem für ihn geeigneteren Thema das Wort zu ergreifen.

Die höchste Stufe der Schulung bildet eine *eigene Rede*, vielleicht nicht vor dem vierten Abend, bis sich die Teilnehmer heimisch fühlen und eine homogene Masse bilden. Auch wird den Teilnehmern ausreichend Zeit gelassen, sich ein Thema auszusuchen, zu dem sie eine innere Einstellung haben, bei dem sie mit dem Herzen dabei sind oder über das zu sprechen ihnen Wissen und Erfahrung erlaubt. Denn die Rednerschulung soll keineswegs dazu führen, über jedes Thema zu reden, sondern zunächst einmal über das Naheliegendste: aus dem beruflichen oder privaten Leben. Das ist doch sicherlich erstrebenswert und wichtig: über seine Arbeit, sein Fachgebiet so sprechen zu können, daß dieser Beruf anderen Menschen erst zu einem richtigen Begriff wird. Hier soll niemand sagen: mein Beruf ist nicht interessant genug. Nein, es hängt ganz vom Redner ab, diesen Beruf interessant darzustellen! Er darf dabei von der Arbeitshypothese ausgehen: niemand ist anwesend, der über den gleichen Beruf so reden kann wie ich, also bin ich augenblicklich hier im Hörsaal der einzige kompetente Mann für mein Thema.

Aber auch Themen aus der *privaten* Atmosphäre sind dankbarer Gegenstand einer Übungsrede: Sportbetätigung, Liebhabereien (Bücher, Musik, Theater, Film, Briefmarken), Reisen, Ausstellungsbesuche usw. Hier muß man freilich das persönlich Erlebte unter höheren

Gesichtspunkten darzustellen bemüht sein. In einem Referat über die Industrie-Ausstellung beispielsweise wird es nicht schülerhaft heißen: „Wir kamen nun von Halle 1 in Halle 2", sondern es wäre zu schildern, seit wann, warum und mit welchem Erfolge eine solche Ausstellung geboten wird, dazu liefert neben persönlicher Inaugenscheinnahme und Prospekten eine Auskunft bei der Ausstellungsleitung genügend Material.

Nach jeder Übungsrede wird ein Teilnehmer aufgefordert, sich über das Gehörte zu äußern: wie es auf ihn gewirkt hat und warum. Bei dieser kleinen Redeübung, einer Art Stegreifrede, können die Teilnehmer ganz frei sagen, was sie empfinden. Schwieriger dagegen ist die *Kritik* für den Kursusleiter: Er muß das Gelungene betonen, das Mißlungene dagegenhalten, im ganzen aber so vorgehen, daß niemand sich verletzt oder abgeschreckt fühlt; denn erstes Gebot ist hier, den Anfängern unbedingt Mut zu machen und ihnen nichts zu erschweren. Dabei hat der Kursusleiter zu erforschen, wer Kritik verträgt oder gar scharfe Kritik, die viele ausdrücklich wünschen.

Diese ist besonders am Platze, wenn es sich um Routiniers oder Schwätzer handelt, die eine Rede „jederzeit aus den Ärmeln schütteln", dabei aber wesentliche rhetorische Forderungen übersehen; ihnen möchte ein kleiner Dämpfer aufgesetzt werden.

War auch die erste Übungsrede mit Angst und Bangen vonstatten gegangen, so ist doch ein unschätzbarer Gewinn erzielt worden: Mit Ablegung dieser *geistigen Mutprobe* wurde ein neuer Mensch geboren: ein Mensch als Redner. Bei einer zweiten Rede, vielleicht über ein aufgegebenes Thema, darf erwaret werden, daß der Redeschüler mit wesentlich größerer Ruhe und Sicherheit auftritt und in die gerügten Fehler nicht mehr verfällt. So war ein Teilnehmer im Anschluß an seine Übungsrede auf eine schlechte Angewohnheit aufmerksam gemacht worden, bei einer zweiten an anderer Stelle ein halbes Jahr später war dieser Fehler nicht mehr zu hören, die Kritik hatte ihn bewußt gemacht und seine Beseitigung erreicht.

Eine wertvolle Hilfe zur Selbstkontrolle leisten auch *Bandaufnahmen* der Kursusteilnehmer; bietet doch das Tonband ein unbestechliches akustisches Spiegelbild, für den Sprecher höchst aufschlußreich, wenn auch nicht immer angenehm.

So bedeutet ein Rednerkursus die Probebühne für den Redeinteressenten, auf der die Ungeübten überhaupt erst einmal zum Reden kommen, die Geübten aber Kritik erhalten. Da das Ganze sich fern von der eigentlichen Öffentlichkeit abspielt, braucht man diese nicht zu fürchten.

Wie der Dozent beim Versagen eines Redeaspiranten mit psychologischem Feingefühl vorgehen kann, hat Hielscher im Seminar von Dr. Theodor Heuss auf der Hochschule für Politik erlebt, Bruno Doehring beim Steckenbleiben eines jungen Theologen auf dem Predigerseminar gezeigt.

Wer aber nach der Übernahme eines Redethemas fehlt und nichts mehr von sich hören läßt, handelt ausgesprochen unklug; denn auf halbem Wege kehrt er um und hinterläßt den Eindruck, aus Angst weggeblieben zu sein, solange ein anderer Grund nicht bekannt wird.

Redetalent wird bei mangelnder Anleitung zu einer verführerischen, zweifelhaften Gabe, wie es schon Wilhelm Karl Grimm angedeutet hat: „Rhetorische Gaben können für eine Zeit lang *blenden,* aber sie fesseln nicht".

3. Die Angst und ihre Überwindung

Da auf dem Wege zur rednerischen Entfaltung Angst und Hemmungen als Haupthindernis auftreten, ist dieses aus weitem Gesichtswinkel zu betrachten.

Schon dem Kinde wird Angst regelrecht eingeflößt: Angst vor dem schwarzen Mann, vor dem Polizisten, vor dem Beißen des Hundes. Viktor Mann erzählt, daß ihm vor der Sintflut Angst gemacht wurde. Wohl alle Angst war jedoch unnötig gewesen: kein Schupo tat uns etwas, kein Hund biß uns. Angst befiel uns auch beim Alleinsein, vor allem im Dunkeln, was als Strafe angedroht wurde.

Einige Jahre später mußten wir in der Schulaula ein Gedicht aufsagen und blieben dabei stecken, wir waren blamiert vor Lehrern, Eltern und Mitschülern, wie es B. v. Deimling erlebt hat. Dieses Versagen haftete fürs Leben, war ein seelisches Trauma: Nie wieder vor Menschen sprechen!

In Prüfungen lernten wir eine neue Art von Angst kennen: die Examensangst. Wieder war niemand da, uns zu helfen, wie schon beim kindlichen Alleinsein. So leben die Angstzustände der Prüfungen noch in unseren Träumen peinigend weiter.

Angst begleitete unseren privaten wie beruflichen Lebensweg. In der Mitte des 20. Jahrhunderts ist Angst, die Grundsituation und das Wesen des modernen Menschen schlechthin, zur beherrschenden Krankheit geworden; denn die Lebensangst des heutigen Menschen, der Kriege, Zusammenbruch auch von Existenz und Vermögen, überlebt hat, führt zur Neurose. Angstneurose, die in keinem Verhältnis zur wirklichen Gefahr steht, zeigt sich in den verschiedensten Formen der Platzangst. Künstler leiden an Lampenfieber, von dessen Intensität sich der Außenstehende kaum eine Vorstellung macht. Sogar in die moderne Philosophie ist der Angstbegriff eingedrungen. Auch die Literatur, ebenso Theater und Film, beschäftigen sich mit dem Angstthema, wovon viele Titel zeugen.

Während wir überall das Wort Angst lesen und hören, ist es nicht zu verwundern, ihr auch beim Redenhalten zu begegnen. Wir sehen die Redeangst heute als Infantilismus, d. h. als einen kindlichen, *nicht ausgereiften Zustand*. Er versetzt uns zurück in das Alleinsein des Kindes, in die Peinlichkeit des Gedichtaufsagens und der Prüfungen. Als Redner stehen wir wieder ohne Hilfe da, sind schutzlos preisgegeben nicht nur den Blicken unserer Zuhörer, sondern vor allem ihrer Kritik. Aber als Redner haben wir ganz andere Funktionen als Gedichtaufsagen und Antworten auf Prüfungsfragen: wir stehen nun im Leben, um eine bestimmte, selbstgewählte Aufgabe zu erfüllen. Angst bedeutet dabei: Leistungsminderung, Einbuße an Kraft, Sicherheit und Gesundheit.

Hätte der Verfasser das schon vor Jahrzehnten gewußt, wären ihm seine damaligen Referate und Vorträge im In- und Ausland, auch in fremden Sprachen, sowie im Rundfunk, nicht zur Quälerei geworden, entstanden durch Unkenntnis der eigentlichen rednerischen Erfordernisse. Aber die *Überwindung der Rednerangst* an sich selbst bedeutet einen sehr großen Fortschritt: die Beseitigung eines infantilen Zustandes, damit eine Höher-Differenzierung gegenüber den Menschen, die sich das

Reden aus Angst nicht zutrauen. Normalerweise sollte uns doch jede Redegelegenheit mit Freude erfüllen; denn sie bedeutet zugleich eine Entfaltung der eigenen *Persönlichkeit,* wie sie auf andere Weise nicht möglich, nicht schöner denkbar ist.

Zweifellos spielt beim Zustandekommen der Rednerangst neben Unsicherheit und Nervosität die *Verkrampfung* eine wesentliche Rolle, wodurch innere *Gelöstheit fehlt;* ist doch die hierzu notwendige Entspannung — wie Furtwängler sagt — ein dem modernen Menschen schwerer zu erreichender Zustand.

Untersuchen wir das Wesen der Rednerangst näher, so zeigt sich diese vor allem in der Angst vor dem Steckenbleiben. Wenn auch dies vorgekommen ist, wie es Bülow von einem Gesandten, Carl Hagemann von seinem Oberbürgermeister und Warschauer von einem Oberlandesgerichtspräsidenten berichten, so erweist sich doch die Angst vor vollständigem Versagen in fast 99 % als unnötig.

Vorübergehend einmal den Faden zu verlieren, ist schon eher denkbar und durch verschiedene Einwirkungen möglich: durch Überanstrengung oder Übermüdung des Redners, der schon die Arbeit eines ganzen Tages hinter sich hat und keine Ruhepause fand, dann durch Einschleichen fremder Gedanken, die den Gedankenablauf der Rede stören und verdrängen, schließlich durch verbrauchte Luft im überfüllten, schlecht gelüfteten Raum, was auf den Redner, der den stärksten Sauerstoffbedarf und höchsten Atemverbrauch hat, nachteilig wirkt: es kann zu Blutleere kommen, zu kurzer Störung im Kreislauf, also mangelnder Gehirndurchblutung.

Sollte dieser gefürchtete Augenblick wirklich eintreten, so gilt als Hauptregel, weiter zu reden, bis der Faden wieder gefunden ist. Der Gewinn von einigen Sekunden Zeit ermöglicht dies fast immer. Es sind dazu einige Flickworte, ein Übergangssatz nötig als Verbindungsstück. Am besten wiederholt man das zuletzt Gesagte, natürlich mit anderen Worten, oder man gibt einen Rückblick in einem zusammenfassenden Satz. Es besteht hohe Wahrscheinlichkeit, inzwischen den Faden wiederzufinden. *Nur nicht aufhören zu reden!* Muß aber tatsächlich ein Abschnitt übersprungen werden, so braucht uns auch das nicht mit Vorschußangst zu erfüllen; denn die Zuhörer wissen ja nicht, was sich der Redner vorgenommen hatte und wieviel er davon wegließ.

Weiter ergibt unsere Betrachtung der Rednerangst, daß es sich dabei im wesentlichen um Angst vor der ersten Rede handelt. Man nennt sie auch *Jungfernrede*, ein Wort, das im Lexikon steht und bedeutet: mit dieser Erstlingsrede ist der Weg zur weiteren Rednerbetätigung freigelegt worden. Der Jungfernredner — dieses Wort darf logischerweise geprägt werden — wird eine sehr wichtige Erfahrung machen: Sowie der erste Satz heraus ist, vergißt er die Angst, sie erledigt sich von selbst. Dadurch wird ein unangenehmes Hemmnis ausgeschaltet, der Redner gelöster, freier, ja er wird sogar erstaunt sein, was ihm nun, nach Beseitigung der Angst, am Rednerpult zuströmt an Gedanken, Einfällen, Witzen, auf die er gar nicht gerechnet hatte, wie es Kohlrausch ausdrückt: Nicht ich, sondern *Es redete aus mir.*

Unter dem Gesichtspunkt, Rednerangst überhaupt auszuschalten, soll das nächste Kapital zeigen, wie richtige Aufzeichnungen ein Steckenbleiben oder ein Abirren von der Gedankenfolge nahezu unmöglich machen.

Gelegentlich waren die Jungfernreden ein Versager. Die rhetorische Fachwelt vertritt die Auffassung, daß gerade ein solcher Mißerfolg zum Wendepunkt werden und zu einem erfolgreichen Redner führen kann. Auch diese Tatsache, die wir noch durch berühmte Beispiele belegen werden, dürfte Mut machen.

Wer im Leben erfolgreich ein Fachgebiet vertritt, wird doch so viel Selbstvertrauen haben, darüber zu reden. Im Alltag geht das überhaupt ohne Schwierigkeiten, warum nicht auch, wenn sich einige Menschen zusammenfinden?

Bismarcks bekanntes Wort von der *Zivilcourage* besagt, daß Mut wie beim Waffengange so auch in Redekämpfen mit geistigen Waffen gezeigt werden soll.

Und schließlich eine Warnung: Es gibt im Leben Zustände, die durch *Alkohol* erträglich werden. Auch die Rednerangst läßt sich damit herunterspülen; aber diese Eselsbrücke erwähnen wir nur, um von ihrem Gebrauch abzuraten. Also sich nicht von Narkotika abhängig machen! (Hierzu s. Forel und Graf Luckner.)

Gute und schlechte Beispiele sollen das rednerische Verhalten namentlich von Anfängern illustrieren.

Sieben Männer, eine Vereinigung von Handwerkern und Gastwirten, suchten einen Festredner zum Fahnenaufzug beim nächsten Schützenfest in knapp 14 Tagen. Keiner der Sieben wollte diese Aufgabe übernehmen, keiner hatte Erfahrung im öffentlichen Reden. Erst das Los entschied für F., der nun schweren Herzens mit den Vorbereitungen zur Rede begann. Obwohl sich die rechten Gedanken nicht einstellten, schrieb er zwei Seiten voll, konnte aber keinen Schluß finden. Da dieses Elaborat nicht den Beifall seiner Tochter fand, vernichtete er es wieder. Er wollte nun die Rede improvisieren und kurz vorher die Gedanken dazu fassen. Aber am Festort sah die Sache schon schwieriger aus, und er lehnte schließlich die Rede strikte ab. Der Sohn eines dieser Männer bewahrte sie vor einer übereilten, programmwidrigen Heimreise und erbot sich, die Festrede zu übernehmen trotz der Vorhalte der Alten, daß es ihm, dem Grünschnabel, an der nötigen Erfahrung fehle. Aber der junge Mann machte seine Sache ausgezeichnet. Die Alten benützten freilich ihre Anerkennung, um sie mit guten Ratschlägen zu verbinden, die sie selbst anzuwenden nicht fähig gewesen waren.

Das ist eine Begebenheit aus Gottfried Kellers berühmter Novelle „Das Fähnlein der sieben Aufrechten", der die rednerischen Details so treffend charakterisiert hat, weil sie aus der meisterhaften Beobachtung tatsächlicher Vorgänge wiedergegeben sind. Wir erleben hier einen ausgesprochenen *Rednerstreik*, in dem Männer, die sonst im Leben keineswegs ängstlich oder zaghaft sind, durch Hemmungen und falsche Art der Vorbereitung eine Festrede nicht zustande bringen, obwohl sie theoretisch hinterher dem Redner kluge Worte widmen.

Selbst ein Demosthenes mußte bittere Erfahrungen machen, als Lärm und Gelächter ihn bei seiner ersten Rede zum Aufhören zwangen, weil er in Stil und Aussprache versagte. Das veranlaßte ihn zu heroischen Deklamationsübungen am Meeresstrand, wobei er kleine Steine im Munde gehabt haben soll. Nach Überwindung dieser Mängel aber konnte sein geniales Rednertalent zum Durchbruch kommen. So ist uns Demosthenes ein Beispiel, wie mit Energie und Geduld Unmögliches erreicht werden kann und ein Mißerfolg niemals entmutigen darf.

Sein Landsmann Isokrates hatte sich wegen Schüchternheit und schwacher Stimme der Lehrtätigkeit zugewandt und war dadurch zum „Vater der Beredsamkeit" geworden.

Ein Sprung in die neuere Zeit führt uns zu einem deutschen Isokrates, Gellert, durch seine Gesangbuchlieder heute noch allgemein bekannt. Als angehender Theologe war er bei der ersten Predigt aus Ängstlichkeit steckengeblieben, trotzdem brachte er es später zum Professor der Beredsamkeit in Leipzig. Goethe konnte sich lebhaft an die „weinerlich angenehme" Stimme Gellerts und seine weiche, entnervende Vortragsmanier erinnern.

In das Kapitel Rednerstreik gehört auch der Fall von J. J. Rousseau, als er 1765 eine Vorladung vor das Konsistorium erhalten hatte: „Ich arbeitete eine glänzende Rede aus, die ich an dem bestimmten Tage vor der Versammlung zu halten gedachte und die ich sorgfältig auswendig lernte. Noch am Abend vorher hatte ich meine Rede völlig im Kopf und sagte sie ohne anzustoßen her. Die ganze Nacht hindurch übte ich mich, sie meinem Hirne vollends einzuprägen; am Morgen konnte ich sie nicht mehr, bei jedem Wort stockte ich, ich glaubte mich schon vor der hochansehnlichen Versammlung stehen, wurde verwirrt, stammelte, verlor den Kopf; als endlich der Augenblick zum Gehen herankam, entfiel mir der Mut ganz und gar. Ich blieb also zuhause und ergriff den Ausweg, an das Konsistorium zu schreiben und meine Gründe demselben kurz vorzulegen. Ursache: Unpäßlichkeit."

Schon als Schüler war Ferdinand Lassalle ein Redner ohne Hemmung und immer mit dem Munde vornweg. Von seinen Mitschülern ausersehen, einem scheidenden Lehrer im Namen der Klasse einige Worte des Dankes und Abschiedes zu sagen, sprach der $15^1/_2$-jährige Leipziger Handelsschüler aus dem Stegreif und machte auf Klasse wie Lehrer einen tiefen Eindruck. Das war seine Jungfernrede am 19. Dezember 1840. „Ich hatte nicht einmal 10 Minuten Zeit, mich vorzubereiten. Was ich sprach, das weiß ich kaum noch, denn da ich ganz ex tempore sprechen mußte, so waren es nur Eingebungen des Augenblicks" schreibt er in sein Tagebuch.

Nicht weniger couragiert zeigte sich Bismarck als Deichhauptmann und stellvertretender Abgeordneter des Vereinigten Landtags in Berlin bei seiner ersten längeren Rede am 17. Mai 1847, wobei er mit der Opposition in Konflikt geriet: „Meine Ausführung rief einen Sturm hervor. Ich blieb auf der Tribüne, blätterte in einer dort liegenden Zeitung und brachte, nachdem der Lärm sich ausgetobt hatte, meine Rede zu Ende." Im folgenden Jahre konnte er durch innere Bewegung nicht mehr weiter sprechen und verfiel in einen Weinkrampf, der ihn zwang, die Tribüne zu verlassen.

Bismarcks Gegenspieler Bebel begann seine rednerische Laufbahn in Leipzig 1864 mit einem ausgesprochenen Mißerfolg: „Ich blieb mitten in der Eröffnungsrede elend stecken. Ich hätte vor Scham in den Boden sinken mögen. Das Ende war, daß nicht ich, sondern Dolge zum Vorsitzenden gewählt wurde. Ich gelobte mir, nie mehr eine Rede einzustudieren, und bin gut damit gefahren." Geloben auch wir uns, keine auswendig gelernte Rede zu halten!

Ernst Haeckel beschreibt seinen ersten Vortrag im Physiologischen Kränzchen 1854 in einem Briefe an die Eltern: „Die ungeheure peinliche Angst, mit der ich mich fast zwei Monate täglich vor dieser Stunde fürchtete, war allerdings ziemlich überflüssig gewesen. Anfangs schien es zwar, als wollte mir die Stimme in der Kehle ersterben; nachdem aber erst die ersten auswendig gelernten Sätze heraus waren, ging der andere Teil ganz fließend und leicht ab; und zwar hielt ich den Vortrag ganz frei. Ich hatte mir bloß vorher das Gerippe allgemein aufgeschrieben."

Ein anderer Forscher, Sven Hedin, machte als Student ähnliche Erfahrungen bei seinem ersten Vortrag im Geogr. Institut der Berliner Universität: „Ich hatte starkes Lampenfieber, nicht des Themas, meiner Kameraden oder der deutschen Sprache wegen, sondern nur wegen Professor v. Richthofen. Das Manuskript (68 Seiten lang) lag zwar vor mir, aber ich sprach frei, fast zwei volle Stunden lang."

Parlamentarier haben oft Lehrgeld zahlen müssen, ehe sie sichere und gewandte Redner wurden. So berichtet der linksliberale Parteiführer Eugen Richter von seiner ersten Berliner Parlamentsrede 1869, die ihm nicht geringe Aufregung bereitet hatte: „Allzu stolz vermag ich auf diese Rede nicht zu sein; sie war zu schön, und dies war ihr Verderben. Der stenographische Bericht verzeichnet 4mal Heiterkeit und 4mal Unruhe oder Oho!"

Daß Reden mitunter in einem tranceähnlichen Zustand gehalten werden, erlebte Carl Schurz bei einer Studentenversammlung: „Ich stand mitten unter der Menge; da hörte ich einen Redner etwas sagen, das meiner Ansicht stark entgegen war. Einem plötzlichen Impulse folgend verlangte ich das Wort und fand mich im nächsten Augenblick zur Versammlung sprechend. Ich habe mir später nie wieder genau das zurückrufen können, was ich sagte. Ich erinnere mich nur, daß ich am ganzen Leibe gebebt, daß mir Gedanken und Worte in einem ununterbrochenen Strome zuflossen, daß ich mit ungestümer Schnelligkeit gesprochen und daß der darauf folgende Beifall mich wie aus einem Traum aufgeweckt hatte. Das war meine erste öffentliche Rede."

Die psychologischen Meisterstücke seelischer Massenbeeinflussung von Lloyd George, dem starken Mann Englands im ersten Weltkrieg, lassen nicht ahnen, wie klein er einmal angefangen hatte: „Bei meiner ersten Rede befand ich mich in höchst elender Verfassung. Die Zunge klebte mir am Gaumen, ich konnte nicht ein einziges Wort herausbekommen."

Einer der letzten der alten Rednergarde, Sir Winston Churchill, liefert in seinem Erinnerungsbuch als junger Kriegsberichterstatter einen besonders vergnüglichen Beitrag: „Als Kadett wollte ich eine Rede in einer neuen ‚Liga zum Schutze von Vergnügungsstätten' halten. Ich sah mit Spannung und auch einiger Unruhe dem großen Augenblick entgegen. Aber die Rede fand nicht statt, da keine Zuhörer gekommen waren. Ich wanderte durch die Straßen mit einer prächtigen Rede ungeboren in meiner Brust. Als an einem Sonnabend im Empire-Theater die Vorhänge der Theaterbar niedergerissen worden waren, ließ ich in dieser gewiß nicht ganz jungfräulichen Umgebung meine Jungfernrede vom Stapel. Ich stieg auf die Trümmer und sprach zu der lärmenden Menge. Ich ließ die verfassungsmäßigen Argumente ganz beiseite und wandte mich unmittelbar an Gefühl und

Gemüt. Zum Schluß sagte ich: ‚Ihr habt gesehen, wie wir heute Abend diese Barrikaden niedergerissen haben; seht Ihr nun zu, daß auch die, die sie errichtet haben, bei den kommenden Wahlen in Grund und Boden gestampft werden'. Stürmischer Beifall beendete diese Szene, die an den Tod Julius Cäsars erinnerte." (Churchill meint hier die berühmte Rede Marc Antons.)

„Als angehender Parlamentarier hielt ich bei einem Wohltätigkeitsfest meine offizielle Jungfernrede. Viele Stunden verbrachte ich damit, meine Rede vorzubereiten und sie so gründlich auswendig zu lernen, daß ich sie im Schlaf nahezu von rückwärts hätte hersagen können. Ich sollte etwa eine Viertelstunde sprechen, beschränkte mich streng auf 25 Minuten, durch wiederholte Proben mit der Stoppuhr stellte ich fest, daß ich die Rede sicher in 20 Minuten abschnurren konnte. Die Rednertribüne bestand aus vier über Fässer gelegten Brettern. Es ging großartig, die Zuhörer, die sich ständig vermehrten, schienen begeistert, also ich konnte reden!"

Besonders lehrreich ist die Schilderung von Lily Braun: „Mit steigendem Eifer arbeitete ich an meinem Vortrag. Ich lernte ihn Satz für Satz auswendig. Am Abend vor der Versammlung war ‚Generalprobe' vor meinem Mann als einzigem Zuhörer. ‚Wenn ich mich schon vor Dir so fürchte, wie soll das bloß morgen werden!' sagte ich, und das Papier zitterte in meinen Händen.

Im dicht gefüllten Saal des Langenbeck-Hauses schien einen Augenblick lang die Erde zu schwanken, die Lichter tanzten einen wahnsinnigen Ringelreihen, und mir war, als müßten die vielen Menschen auf den amphitheatralisch ansteigenden Bänken wie eine Lawine auf mich niederstürzen. Da fiel mein Blick auf meinen Mann: seine strahlenden Augen ruhten fest auf mir, und ein Gefühl sicherer Ruhe überkam mich. Ich sprach zuerst nur für ihn. Allmählich aber strömte mir etwas entgegen wie ein lebendig gewordenes Verstehen — ich fühlte die Menschen, die unter meinen Worten *ein* Mensch geworden waren, mit *einem* klopfenden Herzen, *einem* horchenden Verstand.

Ein Aufseufzen ging durch den Saal wie eine schwere Woge, die mich trug — mich emporhob — hoch — immer höher, so daß meine Stimme über alle hinweg in die Ferne drang ... Jetzt war es der Sturm, der von drüben mir entgegenschlug — der Sturm der Empörung, und mein war die Macht, ihn zu lenken. Brausender Beifall unterbrach mich. Erneuter dröhnender Beifall — aber von irgendwoher mischte sich ein giftiger, zischender Laut hinein.

Ich hatte geendet — mir war, als versänke ich in einem vom Orkan gepeitschten Ozean. Es dunkelte mir vor den Augen — ich fühlte Händedrücke — sah in hundert unbekannte Gesichter —, vor all diesen Menschen hatte ich eben gesprochen? Wie war das nur möglich gewesen?!"

Der Chirurg Ferdinand Sauerbruch hielt als 28jähriger Breslauer Assistent seine erste Rede, und zwar beim Berliner Chirurgenkongreß am 1. April 1904: „Ich habe völlig die Erinnerung daran verloren, wie ich eigentlich in den Saal kam. Präzise aber weiß ich, wie es war, als ich auf dem Podium stand. Für den Raum hatte ich kein Gefühl, ich sah nur Gesichter. Meine Bewegungen und Blicke deutete (mein Lehrer) von Mikulicz wohl falsch, er nahm sie als Verlegenheitspause. Ich sprach nach einem Manuskript."

Graf Luckner hatte im Leben noch vor keiner Gefahr Angst gehabt, doch wurde es ihm „blümerant zumute", als er einer Bitte, über seine Fahrten eine öffentliche Rede in Halle 1919 zu halten, nach ursprünglicher Ablehnung doch entsprach, was er aber bereute. Am Abend machte er sich wieder mit Alkohol künstlichen Mut. Mit der Begrüßung „Goden Tag!" und der Tabakspfeife im Munde gewann er die Fühlung mit dem zunächst etwas verblüfften Publikum.

Bei seinen weiteren Vorträgen brachte ihn schon der Anblick der freudig gespannten Gesichter in Redestimmung. Alkohol verdarb ihm dabei nur die Stimmung.

Als Luckner 1926 in Amerika seinen ersten Vortrag in englischer Sprache hielt, nahm ihn der Anblick von 2000 Studenten den Mut. Der vorbereitete Redeanfang erschien ihm wirkungslos. Aber mit dem Wunsche an die Studenten für ein *gutes* Bestehen ihrer bevorstehenden Abschlußprüfung und der Bitte, ihn sein Aufnahmeexamen in die Herzen der Amerikaner wenigstens mit *genügend* bestehen zu lassen, hatte er einen vollen Redeerfolg.

Dale Carnegie, „urspünglich als Redner ein totaler Versager", wurde dann durch seine Rednerschulung von Geschäftsleuten bekannt.

Zur Beherzigung und Aufmunterung diene noch die Erfahrung, die der Chefdolmetscher Dr. Paul Schmidt bei seiner ersten Übersetzung im Haag 1923 machte: „Ich holte erst einmal tief Luft. Unter dem Zwang, nun ganz auf mich selbst gestellt, vor aller Augen und Ohren zeigen zu müssen, was ich leisten kann, waren erstaunlicherweise mit einem Schlage Beklommenheit und Angst von mir gewichen. Und als ich nach den ersten Minuten merkte, daß die Wiedergabe der deutschen Plaidoyers gar nicht so schwer war, wie ich geglaubt hatte, fühlte ich mich am Rednerpult fast wie zu Hause und verlor dem Präsidenten des Gerichts gegenüber jede Scheu."

Schließlich seien hier noch einige Erfahrungen von Pfarrern mitgeteilt, die anläßlich einer westdeutschen Rüstzeit zur Sprache kamen:

Pfarrer A.: „Auffallend war, daß ich lange Zeit hindurch vor der Predigt nichts oder nur wenig essen konnte, keinen Appetit hatte. Auch heute noch liebe ich keine größeren Mahlzeiten vor einer Predigt trotz Appetit." Die Erregung kann sich also beispielsweise auf den Magen legen und appetitlos machen, weshalb Zurückhaltung im Essen vor rednerischen Leistungen zu empfehlen ist. Man fühlt sich dadurch frischer und freier, da bekanntlich die Verdauungsarbeit Säfte und Kräfte erfordert, außerdem müde macht.

Pfarrer B. empfindet eine gewisse innere Unruhe auch jetzt noch, wenn er vor fremdem Publikum eine feierliche Rede zu halten. Das aber nur vor dem ersten Satz und nur bei besonderen Feiern, nicht bei improvisierten Reden. Seine Hemmungen sind also auf bestimmte Fälle und den Redebeginn begrenzt.

Gegenüber den Rednern mit Angst und Hemmungen kennen wir aber auch solche mit Geistesgegenwart und Schlagfertigkeit, wie sie Bismarck, Churchill u. a. zeigten.

Ein typisches Beispiel hat Dessoir geliefert: „In einer Rundfunkrede begegnete mir etwas Sonderbares: ich verlor mich ins Nachsinnen und hörte auf zu reden. Erst die eigentümliche Stille machte mich auf meine Torheit aufmerksam. Da hatte ich wenigstens die Geistesgegenwart, mitten in einem Satz wieder anzufangen, so daß die Hörer eine kurze technische Störung vermuten mußten."

4. Vorbereitung und Aufzeichnungen des Redners

Um eine Rede frei gestalten zu können, soll der Redner lernen, sich nicht von einem bestimmten Wortlaut abhängig zu machen, sondern seinen Gedanken auch andere Formulierungen zu geben, ohne dabei ihren Sinn zu ändern. Deshalb ist eine wörtliche Ausarbeitung im allgemeinen abzulehnen. Ausnahmefälle sind folgende:

Dem *Anfänger*, der erstmalig vor Zuhörer tritt, wäre der Vortrag einer wörtlich ausgearbeiteten Rede zu erlauben, als „Rede" ist das dann freilich nicht zu bezeichnen. Die Gebundenheit an das Manuskript macht unfrei, nimmt die Möglichkeit, die Zuhörer anzusehen, mit ihnen Zwiesprache zu halten, sofern nicht gerade eine ausgesprochene Begabung zum Ablesen vorliegt, wie sie vom Grafen Mirabeau gerühmt wird. Doch das darf nicht Vorbild für uns sein!

Bei der zweiten Übungsrede könnte noch einmal wörtliche Ausarbeitung zugelassen werden, jedoch mit der zusätzlichen Aufgabe, hiervon ein Stichwortgerippe anzufertigen, das beim Redeakt als Vorlage dient.

Wörtliche Ausarbeitung ist jedoch geboten bei *offiziellen* Reden: auf Empfängen, Begrüßungen, Feierlichkeiten. Staatsakten und bei Rundfunkreden, überhaupt Anlässen, die eine präzise Zeiteinteilung gebieten. Hier müßte der genaue Wortlaut festliegen, um sich vor Improvisationen, Entgleisungen und Mißverständnissen zu bewahren, mit denen zu rechnen ist. Mißverständnissen gegenüber beruft man sich dann auf sein Manuskript, das zum mindesten zeigt, welcher Wortlaut beabsichtigt gewesen war.

Eine Ministerrede hatte 1951 Anstoß erregt, der Redner bezeichnete sie als „entstellt wiedergegeben". Er habe frei und nicht nach einem Manuskript gesprochen, habe sich aber durch zahlreiche Zeugen seine Rede rekonstruiert. So soll es freilich nicht sein, wir erwarten von einem Minister, daß er seine Rede selbst zu rekonstruieren in der Lage ist, wenn schon jegliche Aufzeichnungen fehlen.

Mag nun eine Rede aus dem einen oder anderen Grunde wörtlich ausgearbeitet und ebenso vorgetragen sein, stets ist in bezug auf Stil und gutes Deutsch ein strengerer Maßstab anzulegen als an eine frei gehaltene Rede, deren Lebendigkeit einen Lapsus in der Wortprägung überhören läßt.

Die Vorbereitung einer Rede soll selbstverständlich *sorgfältig* sein und nicht in der Form, wie wir als Schüler an einen Aufsatz herangingen: Kurz vor dem Ablieferungstermin begannen wir damit, suchten am ersten Satz herum, fanden ihn nicht, so daß wir nur mit Unlustgefühlen die gestellte Aufgabe schlecht und recht erfüllten, namentlich wenn uns der Stoff nicht lag.

Bei der Vorbereitung auf eine Rede wird uns das Thema tage- oder wochenlang begleiten, es beschäftigt uns ständig, ohne daß wir direkt daran „arbeiten" müssen, d. h. viele Stunden oder gar Nächte am Schreibtisch damit verbringen; denn durch Eindrücke des täglichen Lebens auf der Straße, in Bahnen, Ämtern, Geschäften und Lokalen, durch Zeitungs- und Rundfunkmeldungen, Bilder in Zeitschriften werden wir zu Gedanken angeregt, die wir eigentlich nur zu *sammeln* und zu *ordnen* brauchen. Man soll ruhig auch einmal mit einem Familienangehörigen, einem Kollegen, ja der Reinemachefrau ganz unauffällig das Thema zur Sprache bringen, selbst eine sogenannte dumme Antwort kann noch ein Körnchen Wahrheit enthalten oder die Stimme des Volkes widerspiegeln. Über zehn solcher Antworten zu referieren, würde schon einen Redeteil füllen.

So empfiehlt Heinrich von Kleist in seinem berühmten Aufsatz *„Über die allmähliche Verfertigung der Gedanken beim Reden"* u. a.:

„Wenn du etwas wissen willst, und es durch Meditation nicht finden kannst, so rate ich, mit dem nächsten Bekannten darüber zu sprechen. Wenn ich mit meiner Schwester rede, so erfahre ich, was ich durch ein vielleicht stundenlanges Brüten nicht herausgebracht haben würde. Ich mische unartikulierte Töne ein, ziehe die Verbindungswörter in die Länge und bediene mich die Rede ausdehnender Kunstgriffe *zur Fabrikation meiner Idee.*

Ich glaube, daß mancher große Redner in dem Augenblicke, da er den Mund aufmachte, noch nicht wußte, was er sagen würde. Aber die Überzeugung, daß er die ihm nötige Gedankenfülle schon aus den Umständen und der daraus resultierenden *Erregung seines Gemüts* schöpfen würde, machte ihn dreist genug, den Anfang auf gut Glück hin zu setzen."

Gedanken kommen uns auch noch kurz vor der Rede und — hier sei es nochmals betont — gerade auch *während der Rede.* Das erlebte Lily Braun bei ihrem zweiten Vortrag: „Vor dem Rednerpult fielen mir kräftigere Worte und stärkere Beweisführungen ein als am Schreibtisch."

Das gleiche bezeugt Pastor Hahn: „*Eine* Gabe habe ich von Gott bekommen: im Reden schärfer und klarer zu denken als am Studiertisch. So gestaltet sich mir die Predigt oft während des Redens erst ganz plastisch, und im Anblick der Gemeinde strömen mir die praktischen Anwendungen zu, ohne daß ich am Studiertische je darauf gekommen wäre."

Wohin eine falsche Art der Vorbereitung führt, zeigt der Zeitungsbericht über einen Diskussionsabend in Berlin. „Leider waren einige Redner *zu sorgfältig* vorbereitet, um die Stimmung im Saal bemerken zu können." Diese hatten vorher Reden ausgearbeitet ohne Rücksicht auf das, was der Diskussionsabend tatsächlich ergab: Das Vorbereitete entsprach nicht der inzwischen entstandenen Lage.

Ein anderes Beispiel hat Karl Scheffler geboten: Zu einer Festlichkeit im Weimarer Nietzsche-Archiv 1913 hatte er in Berlin eine Rede ausgearbeitet. Beim Eintreffen stellte sich heraus, daß — aus Gründen, die nicht mit ihm zusammenhingen — eine Mißstimmung, eine geladene Atmosphäre entstanden war, zu der seine Rede nicht mehr recht paßte: „sie war um einige Töne zu hoch gegriffen."

Folgende Gesichtspunkte sind also bei der Vorbereitung einer Rede zu berücksichtigen:

Angst vor Steckenbleiben *beseitigen,*

den Gedankengang *einhalten,*

Spielraum für situationsbedingte Abweichungen und spontane Einfälle haben.

Deshalb wird der Redner arbeitstechnisch ungefähr folgendermaßen vorgehen:

Er verschafft sich einzelne Blätter, vielleicht 10 Stück im Format DIN A 5, möglichst nicht größer. Dieses Format kann, einmal zusammengefaltet, in jeder Jakett-

Tasche Platz finden. Von den Blättern wird je eins beschriftet mit

Einleitung
Teil I eventl. auch Unterteil 1, Unterteil 2 usw.
Teil II „ „ “
Teil III „ „ “
u.s.f.
Schluß.

Beschrieben werden nur die Vorderseiten, damit beim Redeakt nicht umgeblättert zu werden braucht. Reicht ein Blatt für einen Teil nicht aus, wird ein weiteres eingefügt.

Hat der Redner schon am Anfang seiner Vorbereitung gute Gedanken für den Schluß, notiert er sich diese auf dem diesbezüglichen Blatt. So kann jeder Gedanke gleich *am richtigen Platz* untergebracht werden. Manche arbeiten dabei tatsächlich mehr von hinten nach vorn, ja, die Einleitung zuletzt, — was gute Gründe hat.

Weiter werden alle *optischen Mittel* benützt, die dem Redner erleichtern, das Notierte wiederzufinden. Dazu gehört nicht nur Übersichtlichkeit, die durch genügendes Platzlassen gewonnen wird, sondern auch die Benützung von Buntstiften: man unterstreicht ein Wort rot oder umrandet es blau usw. Das erleichtert das Wiederfinden; denn in der Hitze des Redegefechtes geht es nicht immer so gemütlich zu wie daheim am Schreibtisch. Deshalb erklären Redner öfters: „Ich fand mich in meinen eigenen Aufzeichnungen nicht mehr zurecht!“ Das wird erklärlich nicht nur durch die Erregung des Redners, dem alles vor den Augen verschwimmt, sondern auch durch die ungewohnte Position, am Rednerpult zu stehen.

Zwei Beispiele sollen die Auswirkungen ungeordneter Aufzeichnungen zeigen:

Uexküll erzählt von seinem Generalsuperintendenten, daß er sich erst am Sonnabend schnell die Notizen für die Predigt machte. „Da er eine abscheuliche, für ihn selbst nicht leserliche Handschrift hatte, verwirrten sich seine Gedankengänge während der Predigt, so daß er meist vorzeitig abbrechen mußte. Ich habe es nie erlebt, daß er von den drei am Anfang verkündeten Predigtteilen den dritten wirklich zur Ausführung brachte. Dazu kam, daß er sich nicht nur verlas, sondern auch häufig versprach.“

Hellpach erlebte am Reichsgründungstag 1925 die Rede des Freiburger Rektors, des Juristen Frh. Marschall von Bieberstein, in welcher er den Reichspräsidenten als Hochverräter anprangerte und zwar in Versen: „Der Aufforderung, das Manuskript seiner Rede uns auszuhändigen (um ihm möglicherweise noch aus der Patsche zu helfen), setzte er seine Weigerung entgegen. Als die Niederschrift bei ihm beschlagnahmt werden sollte, hatte er sie in Sicherheit gebracht. Als lahme Entschuldigung machte er geltend, er habe die beanstandete Stelle zu Hause bereits mit Bleistift durchstrichen gehabt, um sie im Vortrag zu überspringen. Diese Durchstreichung habe er im Zuge der mündlichen Rede übersehen, das Pult sei schlecht beleuchtet und er überdies fieberkrank gewesen."

Oft finden wir in Versammlungsräumen und Hörsälen (Klassenzimmern) ausreichende Beleuchtung für die Zuhörer, die sie weniger brauchen, während der Redner relativ schlecht beleuchtet ist. Seine Aufzeichnungen sind dann schwer zu erkennen. Vielleicht fehlt aus Einsparungsgründen gerade die Lampe über dem Rednerpult (Katheder), wie schon vorgekommen.

Man lege Einleitung und Schluß vorläufig mit je 3 bis 6 Sätzen wörtlich fest, wodurch die Sorge, den Anfang und einen guten Abschluß zu finden, überflüssig wird. Denn das hat der Redner nun schriftlich vor sich, im schlimmsten Falle liest er es ab. Werden die Unterlagen nicht gebraucht, um so besser, dann gestaltet er auch diese Umrahmung der Hauptteile frei.

Die eigentliche Rede wird in *Stichworten* notiert, und zwar von jedem Satz oder Abschnitt das wichtigste Wort. Dieses Gedankengerüst ermöglicht dem Redner, ohne Abschweifung seinen Plan durchzuführen, indem er an Hand jedes Stichwortes die einzelnen Sätze formt. Zuhause hat er das schon mehrmals stehend, laut sprechend, geübt. Bei der eigentlichen Rede wird er sich darauf besinnen und den vorbereiteten Wortlaut benützen, er kann diesen aber auch *variieren*, aus den Stichworten ganz neue Sätze gestalten. Er hat dazu freie Hand, aber stets eine Richtschnur vor sich. Der Hörer spürt dann, wie der Redner schöpferisch arbeitet, wie er nach den geeignetsten Worten sucht, den besten Ausdruck abwägt, den weniger gelungenen korrigiert. Da er nicht an das Konzept gebunden ist, kann sein Blick die Zuhörer erfassen. Es entsteht dadurch ein Stromkreis vom Redner zum Zuhörer und zurück. Eine frei nach Stichworten gestaltete Rede wird auch stärkere Gefühlswirkungen erzielen als eine abgelesene.

Wie bedeutende Redner ihre Aufzeichnungen machen und dann anhand dieser ihre Rede gestalten, zeigt die Verteidigungsrede von Ferdinand Lassalle in Düsseldorf, 27. Juni 1864. Daß außer dem Text seiner Rede auch die Aufzeichnungen dazu vorhanden sind, verdanken wir Paul Lindau als bemerkenswertes Kuriosum. Lindau hatte die Rede nachgeschrieben und veröffentlicht, außerdem diktierte sie ihm Lassalle vom 28. bis 30. Juni 1864, wobei sich zeigte, daß Diktat und tatsächlich gehaltener Wortlaut völlig übereinstimmten. Diese berühmte Rede hatte 4 Stunden, also 240 Minuten gedauert. Die Skizze dazu enthält auf 21 Oktavblättchen alle wichtigen Worte und Gedanken. Ihre Verlesung hätte 25 Minuten gedauert, also etwa den zehnten Teil der vollen Rede, Lassalle hielt diese Blättchen in der rechten Hand, mehrfach entfielen sie ihm und flatterten in langsamen Schwingungen zu Boden, ein Effekt, der nach Absicht aussah. Lindau bezeichnet diese Skizzen als meisterhaft. Seine auszugsweise Gegenüberstellung von Ausführung (rechts) und Stichworten (links) zeigt diese auf den ersten Seiten am eingehendsten, zum Schluß knapper: Z. B. im Anfangsteil:

Richter nicht der polit. Leidenschaft. Schwer, in polit. angeregter Zeit. Immer Mensch. Wenn ich also auch milde u. menschlich genug, um es wenigstens entschuldbar zu finden, wenn der Richter der polit. Stimmg. & Leidschaft 1 gew. Raum in seiner Brust nicht entziehen kann, so gibt es doch hierfür *Grenzen*.

Die politische Leidenschaft soll diesen Räumen nicht nahen, der Richter soll — diese Forderung stellt das Gesetz an Ihr Amt, an Sie — keinen Raum geben in seiner Brust der politischen Stimmung. Es ist dies schwer in einer politisch angeregten Zeit, denn der Richter bleibt immer ein Mensch. Wenn ich also auch milde und menschlich genug bin, um es wenigstens entschuldbar zu finden, wenn der Richter der politischen Stimmung und Leidenschaft

	in seiner Brust einen gewissen Raum nicht entziehen kann, so gibt es doch hierfür *Grenzen*.
An späterer Stelle: Eulenburg (Buchdrucker) „tritt diese wichtige Frage an uns heran".	Der Minister Graf zu Eulenburg hat vor kurzem einer Buchdruckerdeputation, die um das Koalitionsrecht petitionierend bei ihm war, gesagt: „Von allen Seiten tritt die so wichtige Arbeiterfrage an uns heran", und es werde nichts übrig bleiben, als durch Gesetzesvorschläge an den gesetzgebenden Körper ihre Lösung zu versuchen.

Sehr instruktiv ist ein solcher Vergleich zwischen Stichworten und Redetext; aus neuerer Zeit sind Redeentwürfe von Heuss, abgesehen von Goebbels, sogar faksimiliert erhalten.

Bismarck bekannte in einer Rede: „Ich habe nicht die Zeit, meine Reden vorzubereiten; dazu habe ich nicht die Arbeitskraft und bin, wenn ich vor Ihnen spreche und selbst in langen Reden in einer gewissen Sorge, daß das Wort, das mir über die Lippen fällt, vielleicht nicht das richtig gewählte sein werde." Der Chef der Reichskanzlei von Tiedemann bestätigt, daß Bismarck sich für seine Parlamentsreden nur wenig schriftliche Notizen machte, selten mehr als ein Quartblatt benötigte. Mit einzelnen Wendungen und Schlagworten aber beschäftigte er sich oft tage- und wochenlang vorher. Die mangelnde Vorbereitung wurde aufgewogen durch die sehr persönliche Art Bismarcks, sich der Gesprächsform zu bedienen und durch seine „Zivilcourage".

Friedrich Naumann machte sich, wie sein Mitarbeiter Theodor Heuss schildert, ein Gerippe seiner Reden auf kleinen Papierzetteln mit Absätzen und Unterstreichungen.

Adolf Damaschke hatte ursprünglich die ersten Vorträge auswendig gelernt, kam aber bald davon ab. Mehrmaliges Halten des gleichen Vortrages befreite ihn von seinem Irrtum. Beim ersten wörtlichen Hersagen glücklich, das Ende erreicht zu haben, wurde er schon beim nächsten Male viel sicherer, ließ aus, setzte zu, so daß er beim dritten und vierten Male schon ziemlich frei mit dem Stoff umging. Später fertigte er Vortragszettel mit der Gliederung des Stoffes an. „Die Ausführung im einzelnen kann ja nicht vorbereitet werden, das kann stets wirklich wirksam erst geschehen, wenn man die Menschen vor sich hat und empfindet.“

Damaschke erinnert auch an Hermann Wagener, der nach gründlicher Information und Beherrschung des Gegenstandes die ausgearbeitete Rede entsprechend dem Stadium der Debatte in *modifizierter* Weise hielt.

Über die Aufzeichnungen Briands hat Paul Schmidt genaue Beobachtungen zu machen Gelegenheit gehabt: „Seine oft 2—3stündigen Kammerreden schrieb er vorher eigenhändig auf. In der Kammer konnte er sie dann auswendig, ohne einen einzigen Blick auf das Manuskript werfen zu müssen. Er blätterte ohne hinzusehen die Seiten richtig um, so genau hatte er optisch alles im Gedächtnis.“

Während Cromwell seine Reden nie schriftlich vorbereitete und nachher selbst kaum noch etwas vom Gesagten wußte, bei Fox die am sorgfältigsten vorbereiteten die schlechtesten Reden wurden, war Churchills Vater, Lord Randolph Churchill, immer von seinen Aufzeichnungen abhängig und kannte sich oft in seinen eigenen Notizen nicht aus. Gewöhnlich lernte er seine Reden auswendig, und auch dann war er bei der Reihenfolge der Themen und bei besonderen Wendungen an seine Aufzeichnungen gebunden. Obwohl ein schlechter Redner, soll er die große Anziehungskraft im Unterhaus gewesen sein. (Nach Frank Harris.)

Sir Winston Churchill hatte sich nach seiner Wahl ins Unterhaus „mit Sorgfalt auf die erste Rede vorbereitet und viel Mühe gegeben, die Spuren der Vorbereitung wieder zu verwischen. Damals und noch Jahre darauf war ich nicht imstande, etwas vorzutragen — außer bei kurzen Erwiderungen — was ich nicht vorher schriftlich ausgearbeitet und meinem Gedächtnis einverleibt hatte. Ich mußte manchmal mehrere Varianten bereithalten gegen alle Möglichkeiten. Das allgemeine Urteil war nicht ungünstig, viele vermuteten, daß die

Rede auswendig gelernt sei. Ich saß in einer angenehmen Betäubung, bis ich so weit gekräftigt war, nach Hause zu gehen.“ Seine dritte Unterhausrede hatte er 6 Wochen vorbereitet und auswendig gelernt.

So lautet die Aufgabe:

Was gesagt werden soll, genau festlegen!
Wie es gesagt wird, dem Augenblick überlassen!

Könnten wir doch dabei das treffliche Wort befolgen: „Ich *lebte* die Woche über mit meiner Rede“ und dazu lernen: „Der Redner sei *selbst der erste Hörer* seiner Rede.“

Freilich möchten wir auch ein ruhiges Fleckchen finden, an dem das Sammeln und Ordnen der Gedanken ungestört möglich ist. Im Wartesaal des Bahnhofs von Güstrow zeigte Ernst Barlach seinem Verleger Reinhard Piper den dort sitzenden Pastor: „Drüben macht er Freitags seine Predigt. Zuhause kommt er nicht dazu vor lauter telefonieren und Besuchen.“

5. Sammlung von Material

Solange ein Redethema dem eigenen Berufs- und Arbeitsgebiet entnommen ist oder eigene Gedanken und Erlebnisse zum Gegenstand hat, wird die Beschaffung von Material, sofern überhaupt nötig, keine Schwierigkeiten machen. Anders dagegen, wenn die Rede ein Thema behandelt, dem man ferner steht, wenn etwa der Stadtrat für Finanzen vertretungsweise eine Eröffnungsrede zu Festspielen oder zu einer Kunstausstellung halten muß. In einem Amt gibt es Mitarbeiter, Referenten oder Sachbearbeiter genannt, die ihrem Vorgesetzten Redematerial liefern können.

Mirabeau, dessen hauptsächlicher Mitarbeiter für seine Reden ein Pastor gewesen sein soll, nannte ihn sein „Atelier“. Friedrich Ebert bediente sich bei der Formulierung seiner Reden oft der Hilfe des Pressechefs Ulrich Rauscher (nach Schwerin von Krosigk). Papen hatte den früheren Münchener Rechtsanwalt Dr. Edgar Jung als Mitarbeiter für seine Reden. Dieser entwarf eine Skizze zu den verabredeten Themen, an der lange gefeilt wurde, an der berühmt gewordenen Marburger Rede sogar wochenlang. Andere Redner dagegen verzichteten auf Mitarbeit. So lehnte der Finanzminister Reinhold, von dem Schwerin von Krosigk sagt, daß er seine Rednerbegabung durch Übung zur Vollendung gebracht habe, ab, Entwürfe vorgelegt zu erhalten, das habe er nicht nötig, er setze seine Reden selber auf.

Wie kommt man zu Material? Erste Auskunft gibt ein Konversationslexikon. Ein solches neuesten Datums sollte immer zur Hand sein. Aber auch Lexika aus der Zeit von vor 30 oder 40 Jahren behalten für viele Themen ihren Wert; wenn auch der Standpunkt überholt ist, dürften sie in ihrem Umfang bis zu 20 Bänden und ihrer Ausführlichkeit vorläufig durch zeitgemäße kaum zu ersetzen sein. Bei einem Lexikon aus der NS-Zeit muß bedacht werden, daß es die damalige Ideologie widerspiegelt.

Am Schluß eines größeren Lexikon-Artikels finden sich *Literaturangaben:* von wem bereits Bücher erschienen sind und welche Zeitschriften existieren.

Es gibt nun wohl kaum ein Fachgebiet, über das nicht ein sog. *Handbuch* vorhanden ist, teilweise auch Handwörterbuch genannt. Ein solches bietet eine umfassende Übersicht über das ganze Gebiet aus der Feder erster Fachleute.

Ferner haben *Fachzeitschriften* am Schluß jedes Jahrganges ein Register, nach Sachen, Personen oder Orten angelegt, das mitunter auch eine sonst verborgen gebliebene Arbeit aufzufinden hilft.

Weiter begeben wir uns in eine *Bibliothek,* um den Katalog einzusehen. Im Autorenkatalog finden wir unter dem Namen eines uns bekannten Verfassers die Titel seiner Bücher, welche davon greifbar sind und welche fehlen, dazu die für die Bestellung eines Buches notwendige Signatur. Kennt man dagegen keinen Autorennamen, so erteilt der Sachkatalog Auskunft über die vorhandenen Bücher des gesuchten Fachgebietes.

Schließlich gibt es über die auf einem Gebiet hervorgetretenen Männer *Biographien* oder Lebensbeschreibungen, meist verfaßt von einem Fachkollegen oder Freunde. Eine Quelle, aus der auch die vorliegende Schrift reichen Nutzen ziehen konnte, sind die *Lebenserinnerungen,* Autobiographien oder Memoiren; in ihnen wird aus erster Hand Fachliches und persönlich Erlebtes geboten.

Außer dieser *literarischen Orientierung,* wie sie Brather vorschlägt, wird man sich für viele Themen das Material weniger aus Büchern, sondern aus der Praxis, am besten aus beiden Quellen, verschaffen. Für das Thema „Sozialwesen" z. B. empfiehlt sich zur Information ein Besuch auf dem nächsten Sozialamt. Hier wird in der Personalstelle, Pressestelle, Bibliothek oder im Archiv ein Beamter über die neueste Fachliteratur Bescheid wissen, deren Kenntnis notwendig ist, um über das Sozialwesen zu sprechen, wahrscheinlich kann sie dort gleich eingesehen werden. Außerdem gibt die Beobachtung des *Publikums*, das wartet oder abgefertigt wird, ein ungefähres Bild, um was es sich beim Sozialwesen handelt, auch gewährt Befragung von Angestellten und Publikum Einblick in die Wünsche und Nöte.

Vom ersten Tage der Übernahme des Redethemas an wird alles hierauf Bezügliche aus Zeitungen, Zeitschriften, Prospekten, Werbeschriften gesammelt. Im Archiv einer großen Zeitung sind nicht nur die Jahrgänge vieler Zeitungen vorhanden, sondern auch Mappen nach einzelnen Themen angelegt. Aktuelles Material besorgt gegebenenfalls ein Zeitungsausschnittbüro.

Zur Unterbringung des Gefundenen dient eine *Kartei* (Kartothek), vor allem, wenn das Thema auch weiterhin verfolgt und das Material ergänzt werden soll, um es zu Reden und Schriften zu verarbeiten. Solche Karteien, in Papier- und Bürogeschäften zu kaufen, lassen sich auch nach eigenen Wünschen herstellen oder bestellen. Im Wesentlichen besteht die Kartei aus einem Kasten mit Zetteln von möglichst festem Papier, für dessen Wahl entscheidend ist, ob es mit Schreibmaschine oder handschriftlich beschrieben werden soll. Das Format richtet sich nach dem Umfang der Eintragungen. Die Einteilung kann nach Sachworten, Personen, Orten oder Jahreszahlen erfolgen. Die Unterteilung wird erleichtert durch Leitkarten mit einem Vorsprung oder Karteikarten mit einem „Reiter" in verschiedenen Farben. Auch Ausschnitte finden Platz. Eine solche Kartei ermöglicht, jederzeit neues Material am richtigen Ort einzutragen und es dort wiederzufinden.

Wie die Arbeit der richtigen *Materialverwertung* und *Sichtung* produktiv gestaltet und Leerlauf vermieden wird, behandeln Spezialbücher u. a. von Kuntze, Kliemann und Kröber.

Somit dürfte kaum bei einem Thema Sorge um Materialbeschaffung bestehen, immer wird es Möglichkeiten hierzu geben. Material aus erster Hand ist zu bevorzugen, solches aus zweiter oder dritter Hand mit Vorsicht zu verwenden.

Authentische Quellen gewährleisten die Richtigkeit und Wahrheit der Angaben. Spricht der Redner vor allem an einem ihm fremden Ort und über dortige Verhältnisse, so müssen seine Zahlen und Daten absolut stimmen, damit nicht die besser informierten Einheimischen ihn korrigieren und Zweifel an der Wahrheit des übrigen Redeinhaltes aufkommen.

6. Disposition einer Rede

Die Konzeption einer Rede setzt Klarheit über die zur Verfügung stehende Zeit voraus. In den meisten Fällen wird dem Redner vorher eine bestimmte Zeitdauer eingeräumt, deren unbedingte Einhaltung eine Selbstverständlichkeit sein sollte. Mit der Minute zu rechnen ist z. B. beim Rundfunk unerläßlich, auch bei offiziellen Anlässen notwendig. Schon aus diesem Grunde wird man zu Hause Redeproben halten und dabei die Zeitdauer mit der Uhr vor sich kontrollieren. Lehrreich ist ein Vergleich zwischen der Zeitdauer der Probe(n) mit der tatsächlich gehaltenen Rede. Vielleicht geriet diese kürzer: Es wurde von dem Vorbereiteten etwas vergessen oder mit Absicht weggelassen, was dem Redner nun doch nicht mehr so mitteilenswert erschien. Auch das Umgekehrte kann eintreten: angesichts seiner Hörer war dem Redner noch einiges eingefallen. Bei gänzlich frei gehaltenen Reden ist die Gefahr, mit der Zeit *nicht auszukommen* besonders groß. So berichtet Dessoir von seinen Rundfunkreden, die er ohne Unterlagen halten durfte, daß er manchmal in Zeitbedrängnis geriet, „aber mit der Uhr vor den Augen vermochte ich es immer noch einzurichten".

Wer zu einer Rede aufgefordert und nach der dazu erforderlichen Zeit gefragt wird, muß fähig sein, zu antworten: „Ich brauche für dieses Thema, um es so durchzuführen, wie ich es mir denke, soundsoviel Minuten." Diese selbst geforderte Redezeit ist dann auch einzuhalten.

Im allgemeinen gilt als Regel: nicht zu lange reden! Deshalb frage sich der Redner stets: mit *wie wenig* Zeitaufwand und Worten läßt sich mein Thema durchführen? Das ist schwer, wenn man viel zu sagen hat oder viel sagen zu müssen glaubt. Unter Verzicht auf Einzelheiten sind vorwiegend Kostproben zu bieten, so daß die Zuhörer nicht übersättigt und mit geistigen Verdauungsbeschwerden nach Hause gehen, vielmehr Appetit bekommen haben, bei nächster Gelegenheit von diesem Redner mehr zu hören.

Kein Zuhörer, der für einen Vortragsbesuch vielleicht eine halbe Mark oder mehr bezahlt hat, dürfte sich benachteiligt fühlen, wenn es nach einer guten Stunde zu Ende ist. Bringt der Vortrag Demonstrationen mit Lichtbildern, Film oder Schallplatten, so kann er ausgedehnt werden. An Universitäten und Hochschulen wird 45 Minuten gelehrt, dann sind 15 Minuten Pause, um das Gehörte verarbeiten zu können.

Vor allem soll der Redner niemals klagen, daß ihm *so wenig Zeit* zur Verfügung steht. Das ist unklug, weil man mit einer kurzen Rede wahrscheinlich mehr erreichen wird als mit einer endlosen; die kurze Rede wird zum mindesten nie Langeweile aufkommen lassen. Es liegt am Redner, mit der Zeit ökonomisch umzugehen! Öfters wurde beobachtet, daß Redner nicht einmal ihre Zeit ausgenützt hatten: statt der ihnen gegebenen 15 Minuten waren nur 10 oder 12 gebraucht worden.

Ist die dem Redner eingeräumte Zeit erreicht worden, so muß ihm dies durch ein Zeichen mitgeteilt werden, etwa durch zweimaliges Klopfen. Moderne Anlagen ermöglichen das Aufleuchten einer Lampe mit der Zahl 5, wenn noch 5 Minuten Zeit sind, desgleichen bei der Zahl 1, schließlich das Wort „Schluß". Leichter kann es dem Redner nicht gemacht werden. Bei dem Klopf- oder Lichtzeichen wird er selbstverständlich den begonnenen Satz zu Ende bringen und in einem Schlußsatz hinweisen, über was er noch gesprochen hätte, wenn dazu Zeit gewesen wäre. Sind das wichtige Dinge, für die Interesse besteht, wäre die Redefrist noch um 5 Minuten zu verlängern. Ergeht sich dagegen der Redner nur in Wiederholungen und findet den Schluß nicht, so wird keine Verlängerung gewährt, sondern die Zeit für wichtigeres ausgenützt. Zuweilen kommt es vor, wie es der Verfasser einmal selbst erlebte, daß die ursprünglich eingeräumte Redezeit beim Eintreffen am Redeort vom Veranstalter wesentlich reduziert wird. Auch das darf einen elastisch eingestellten Redner nicht erschüttern, sondern nur zu einer Umgruppierung seiner Aufzeichnungen veranlassen.

Die Autoren Doehring, Hachenburg und v. Velsen bieten Beispiele von Zeitüberschreitungen bei Reden.

Grunderfordernis für die Wirkung einer Rede ist der richtige *Titel*. Ein geeigneter Titel wird den Redner in die richtige Bahn lenken, das Disponieren günstig beeinflussen, vor allem aber Zuhörer werben. Es lohnt sich deshalb, der Gestaltung des Titels Beachtung zu schenken und darin eine gewisse Fertigkeit zu erlangen. Der Titel wird in Zeitungen und auf Plakaten gelesen, er muß deshalb *Werbekraft* entfalten und darf nicht zu lang sein; die wenigen Worte brauchen richtige Placierung. Er darf aber auch nicht etwas versprechen, was nicht gehalten wird: Wenn etwa ein Vortrag über Sport angekündigt wird, der Redner aber nur über Leichtathletik spricht, so hat der Titel infolge mangelnder Begrenzung auf das eigentliche Thema bei den Lesern der Ankündigung falsche Erwartungen geweckt und enttäuscht die Hörer.

Ein Beispiel demonstriere, wie man leicht zu einem wirksamen Titel gelangen kann. Laut Ankündigung sei

Die Angst vor dem Reden

der Inhalt eines Vortrages. Das klingt sachlich, ruhig, nüchtern, doch ohne besondere werbepsychologische Wirkung. Dagegen würde die Ankündigung

Keine Angst vor dem Reden!

schon mehr ins Auge fallen: denn es ist ein Ausruf, der den Leser anspricht, sich an ihn persönlich wendet. Diese Tendenz wird noch erhöht mit dem Titel

Warum Angst vor dem Reden?

Das ist eine Fragestellung, die den Leser einlädt, sich damit zu beschäftigen und die Antwort des Redners anzuhören; dieser muß dann freilich auch eine solche geben. Wird die zu bevorzugende Form des Ausrufes oder der Fragestellung gewählt, so darf das Ausrufungs- resp. Fragezeichen bei der Drucklegung nicht vergessen werden, wie es oft geschieht.

Damit der Leser ein Gefühl für diese Steigerungsmöglichkeiten im Titel bekommt, seien weitere Beispiele herangezogen, teilweise aus dem Berliner Wahlkampf, — da in Wahlzeiten stets alle Register gezogen werden. Mehrfach wurde dabei die Fragestellung verwendet:

Warum X-Partei?
Was will die Y-Partei?

Daneben wurden Parolen von eindringlicher Formulierung verwendet:

Die X-Partei ruft Berlin.
Kampfbereite Y-Partei.
Berlin vor der Entscheidung.

Eine Wahlrede

Charlottenburg — heute und morgen

sollte die Situation vor und nach der Wahl konfrontieren, oder der Titel

Wir wählen Z-Partei

die Wahl erleichtern durch Verkündung einer Tatsache.

Wirksame Titel zu finden, verlangt einige Bemühungen. Als Ergebnisse gemeinschaftlicher Arbeit in Rednerkursen unter Anleitung des Dozenten seien gehaltene Übungsreden hervorgehoben, deren Titel ursprünglich keineswegs diese lebendige Form aufwiesen:

ein Jurist:	Was jeder vom BGB wissen muß.
ein Optiker:	Erhalte dein Augenlicht!
ein Vertreter:	Ist Handelsvertreter ein lohnender Beruf?
ein Bierbrauer:	Wie der Biertrinker der Wirtschaft hilft.
ein zweiter Bierbrauer:	Wir trinken Prozente.
ein Schlesier:	Was uns Schlesien war.
ein Spandauer:	Vom alten und neuen Spandau.
ein Wittenauer:	Aus Dalldorf wurde Wittenau.
ein Schüler:	Einheitsschule oder Oberschule?
ein Lehrer:	Wohin rollt der Wagen der Kultur?
ein Kaufmann:	Nützt Werbung dem Verbraucher?
ein Fotograf:	Knipsen — aber mit Verstand.
ein Musikfreund:	Was sagt uns Bach heute?
ein Elektrofachmann:	Elektrizität — Herr oder Sklave?
ein Bautechniker:	Utopie oder Wirklichkeit im Wohnungsbau?
eine Musikstudentin:	Musik richtig hören!
eine Fahrkartenverkäuferin	Vor und hinter dem Fahrkartenschalter.
ein Abiturient:	Todesstrafe — ja oder nein?
ein Feuerwehrmann:	Was man von der Berliner Feuerwehr nicht weiß.

ein Ingenieur:	Mensch und Maschine.
eine DRK-Helferin:	Rotes Kreuz — in Krieg und Frieden.
ein Student:	Chemie im Alltag.
ein Bankbeamter:	Was ist ein Wertpapier?
ein stud. ing.:	Wie man Bauingenieur wird.
ein Schachspieler:	Schach — ein königliches Spiel.

Zur Ankündigung des Titels wünschen wir auch genaue Benennung des Redners und möglichst eine Angabe seiner Stellung oder seines Amtes bzw. ob er als Freischaffender oder als Angestellter spricht. Wichtig ist, von dem noch unbekannten Redner zu wissen, in welcher Eigenschaft er auftritt oder welche Interessengruppen er vertritt. Hierdurch wird sein Name zu einem deutlicherem Begriff, man erfährt, aus welchem Lager, welcher Position er kommt und wie er einzurangieren ist: Er rückt dadurch seinen potentiellen Hörern näher; und das dürfte ihm erwünscht sein!

Einige Überlegung erfordert auch die Formulierung der *Anrede*. Sie muß entsprechen der Zusammensetzung der Hörerschaft und dem Verhältnis, in dem der Redner zu seinem Publikum steht. Sind es fremde oder Respektspersonen, so geziemt sich eine formellere Anrede, sind es Kollegen oder junge Leute, so wird man sie als Näherstehende ansprechen. Im Ganzen gilt als Regel: Nicht zuviel Gebrauch machen von Äußerungen der Verehrung und Liebe, sie wirken eher aufdringlich und etwas unwahr, namentlich bei häufiger stereotyper Wiederholung. Im Laufe einer längeren Rede sollen sich Redner und Hörer einander näherkommen, und dies wird auch in der Anrede Ausdruck finden, die allmählich einen Grad vertrauter sein darf. Allerdings soll der Redner nicht beginnen mit „Sehr verehrte Damen und Herren!" und dann nach einigen Minuten Redezeit übergehen zu „Meine lieben Freunde!", wie es einmal geschah. Soviel Fingerspitzengefühl sollte der Redner auch für die Gestaltung der Anrede besitzen.

Es ist die Ansicht geäußert worden, daß man fremden Damen und Herren nicht „Verehrung" entgegenbringen kann, und dies nicht noch steigern sollte zu „Sehr verehrte". Empfehlenswerter ist deshalb die Anrede: „Sehr *geehrte* Damen und Herren!"

Problematisch wird die Situation, wenn eine Zuhörerschaft aus Herren und einer einzigen Dame besteht, was oft vorkommt. Wie ist ein solches Auditorium anzureden? Die Hervorhebung

„Meine D a m e und meine Herren!"

dürfte dieser wahrscheinlich gar nicht besonders erwünscht sein. Wird dagegen der Plural

„Meine D a m e n und Herren!"

für eine einzelne Dame gebraucht, suchen die Zuhörer unwillkürlich eine zweite Dame. Dieses Dilemma wird gelöst durch Umgehung mit

„Meine Herrschaften!" oder „Geehrte Anwesende!"

Naumann hat allerdings die Anrede auf bloße Anwesenheit hin beanstandet und dies auch begründet, er schlägt deshalb als weitere Möglichkeit vor: „Geehrte Versammlung!" Überhaupt soll man ruhig einmal von den bekannten Anredeformeln abweichen und eine neue prägen; so wurde jüngst in Anlehnung an römische Rhetoriker die Anrede „Mitbürger!" gebraucht, wie bei uns schon im 18. Jahrhundert laut Kerners Erwähnung.

Befindet sich in der Zuhörerschaft eine Persönlichkeit, deren Stellung und Name aus dem Rahmen herausfällt, so wird diese besonders angesprochen: „Herr Minister! Meine Damen und Herren!" oder „Euer Excellenz! Geehrte Festversammlung!"

Rednerinnen können die übliche Formel „Meine Damen und Herren!" variieren zu „Meine Herren und Damen!", namentlich wenn letztere in der Minderzahl sind. Dieser Wortlaut wirkte bei seiner ersten Verwendung in der Deutschen Nationalversammlung 1920 erheiternd.

Um einen Überblick zu geben, wie Parlamentsredner von Anreden Gebrauch machen, seien diese aus der 125. Sitzung des Bundestages vom 9. März 1951 zusammengestellt:

Adenauer:	Meine Damen und *meine* Herren! Später: Meine Damen und Herren!
Schumacher:	Meine Damen und Herren!
von Merkatz:	Herr Präsident! Meine Damen und Herren!
Loritz:	Meine *sehr verehrten* Damen und Herren! Später ebenso.
Fisch:	Meine Damen und Herren!
Tichi:	Herr Präsident! Meine Damen und Herren! Später nur: Meine Damen und Herren!

Seelos:	Herr Präsident! Meine Damen und Herren!
Frau Wessel:	Herr Präsident! *Meine Herren* und Damen! Später zweimal: Meine Damen und Herren!
Präs. Ehlers:	Meine Damen und Herren!

Die *Einleitung*, der erste taktisch wichtige Teil der Rede, beginnt mit der *Begrüßung* der Anwesenden. Hierbei ist das Wetter ein beliebter Anknüpfungspunkt, der sich tatsächlich in jeder Wetterlage anwenden läßt, etwa so: „Ich begrüße die Anwesenden, die trotz des Platzregens (oder: prachtvollen Sommerabends) so zahlreich erschienen sind!" Vielleicht hat der Redner einen besseren Einfall als diese etwas abgenutzte Begrüßungsformel.

Manche Redner beginnen auch mit der Versicherung: *„Es freut mich*, heute zu Ihnen sprechen zu dürfen." Damit das nicht als unwahre Phrase wirkt, möchte auch äußerlich ein entsprechend freundlicher und erfreuter Gesichtsausdruck die Freude bekunden.

Üblich ist es, gleich bei Beginn den Dank an die Veranstalter oder für die Einladung auszusprechen, z. B. Sauerbruch in London 1937: „Lassen Sie mich zunächst Ihnen herzlich danken für die freundliche Aufforderung, in Ihrem Kreise heute Abend über die Herzchirurgie zu sprechen."

Es seien nun die *Fehler* aufgezeigt, die einen wertmindernden Eindruck aufkommen lassen. Die Versicherung „Ich bin kein Redner" hat zwar antike Vorbilder (Marc Anton); doch ist sie vor allem kein geeigneter Rede*beginn;* auch kommt es darauf an, *wer* dies von sich behauptet. Als Bismarck 1866 sagte: „Ich bin kein Redner, ein Vorzug, den ich dem Herrn Vorredner bereitwillig einräume", stellte ihm der „Widerspruch von allen Seiten" (laut Sitzungsbericht) das gegenteilige Zeugnis aus. Anders dagegen der unbekannte Redner: er verliert gleich durch die falsche Taktik, sich Rednerfähigkeit abzusprechen.

Mit einem schlechten Start begann ein Redner: „Ich spreche heute zum ersten Mal", ein anderer: „Ich habe noch niemals eine Rede gehalten." Dadurch entsteht beim Zuhörer das bange Gefühl: Er wird doch nicht etwa dabei verunglücken? oder: Da haben wir wohl nicht viel Bedeutendes zu erwarten! Eher könnte am Schluß einer gelungenen Jungfernrede das Eingeständnis mangelnder Rednererfahrung erfolgen. Ebenso taktisch falsch ist eine

Äußerung wie: „Ich weiß nicht, ob ich überhaupt der richtige Mann bin, zu diesem Thema Stellung zu nehmen", oder: „Trotz vieler Bedenken habe ich mich entschlossen, das Wort zu ergreifen." Durch solche Wendungen *verkleinert* der Redner seine ganze Persönlichkeit statt sie zu entfalten und seiner Sache zu dienen. Deshalb wird man Negatives zu sagen vermeiden, vor allem bei Beginn.

Da die Versicherung: „Ich bin *nicht vorbereitet*" öfters mehr als Verlegenheitsphrase und Ausrede gebraucht wird, ist das bekannte Witzwort entstanden: „Unvorbereitet wie ich mich habe." War wirklich „keine Zeit" zur notwendigen Vorbereitung, so sei eine andere Formulierung vorgeschlagen, etwa „Ich spreche improvisiert (oder: aus dem Stegreif) und bitte, dies zu entschuldigen."

Sind nur wenige Zuhörer erschienen, viel weniger als erwartet wurde, so wäre es ein schwerer Fehler, wenn der Redner aus Enttäuschung hierüber diese an den Zuhörern vorwurfsvoll auslassen würde, etwa mit den Worten: „Was ist eigentlich in dieser Stadt los, kein Mensch kommt" usw. Statt dessen sollte er die wenig Erschienenen mit besonderer Herzlichkeit begrüßen und sie auffordern, vorn auf den besten Plätzen, „die im Theater und Konzert die teuersten sind", zusammenzurücken; denn bei verstreut im dreiviertel leeren Saal Sitzenden kann keine Stimmung, kein Gemeinschaftsgefühl, keine Resonanz aufkommen. Der Redner wird sich an diese wenigen Menschen persönlich und eindringlich wenden und damit bei ihnen vielleicht eine nachhaltigere Wirkung erzielen, als wenn der Saal überfüllt gewesen wäre und diese Zuhörer sich mehr als zusammengepferchte Masse gefühlt hätten. Wir erinnern hier noch einmal an Prof. L. Curtius, auf den gerade „das andächtig lauschende *Häuflein* Menschen so stark wirkte."

Sachlicher Ausgangspunkt soll möglichst ein *aktuelles* Ereignis auf dem Gebiete des Redethemas sein. Was aktuell ist, erfahren wir täglich und stündlich durch Presse und Rundfunk. Aktuelle Dinge bewegen oder beschäftigen die meisten Menschen mehr oder weniger. An ein solches Ereignis möchte der Redner anknüpfen, um dadurch das Interesse für sein Thema zu gewinnen oder zu erhöhen: Der Sportler wird von einem Sportereignis, meistens des letzten Sonntags, ausgehen, ein Redner über Musik von dem neuesten Orchesterwerk, das im letzten Sinfoniekonzert begeisterte Zustimmung oder scharfe Ablehnung fand. Ebenso sind aktuelle Ausstellungen, Kongresse, Bucherscheinungen, Todesfälle auf dem Gebiete des Redethemas geeignete Ausgangspunkte.

Fehlt ein solcher aktueller Anlaß, so geht der Redner vom *Allgemeinen* aus, um von da auf das eigentliche Thema zu kommen: also von der Musik auf die moderne Musik, vom Sport auf das Schwimmen, vom Krieg auf die Kriegsbeschädigten usw.

Hauptaufgabe der Einleitung ist die *Ankündigung* des in der folgenden Rede zu Erwartenden, wobei man gespannt, ja etwas neugierig machen darf, was aber verpflichtet, das Angekündigte auch auszuführen. Hierzu gehört die Bekanntgabe einer eventuellen Begrenzung des Themas: was nicht behandelt werden kann, weil es zu weit führen würde.

Von höherer Warte aus gesehen, hat die Einleitung eine wichtige Funktion: *Kontakt* zwischen Redner und Zuhörerschaft herzustellen und deren *Aufmerksamkeit* zu gewinnen, wobei zu berücksichtigen ist, daß während der Einleitung äußerlich noch Unruhe herrscht durch Zuspätkommende und Platzsuchende, daß der Redner noch nicht ganz frei von Erregung spricht, denn noch weiß er nicht, wen er vor sich hat, ob sein Publikum richtig reagieren wird. Ist das erwartungsgemäß eingetreten, so kann er beruhigt an die eigentliche Rede gehen. Auch hat er inzwischen die Akustik des Raumes kennengelernt und sich auf diese einzustellen bemüht.

Um ein Orchesterwerk zu spielen, müssen die Musiker ihre Instrumente einstimmen, und zwar auf einen gemeinsamen Ton. Wenn es dem Redner gelingt, seine Zuhörer *einzustimmen*, hat er mit der Einleitung schon eine erste Erfolgschance gewonnen.

Unerläßliche Vorbedingung für eine Rede ist Ordnung der Gedanken und ihrer Folge, man nennt das die *Disposition* oder Gliederung. Ohne eine solche ist das Ganze mehr ein Herumschwimmen ohne Ziel, ein Körper ohne Rückgrat, also ohne Halt. Von einem Amtsbruder erzählt Pastor Hahn, er habe ohne Dispositionen und deshalb bis zu $2^1/_2$ Stunden gepredigt, währenddessen die Zuhörer kamen und gingen oder wiederkamen.

Die Frage, ob und wieweit die Zuhörer von der Disposition *Kenntnis* erhalten sollen, ist zu bejahen, wenn auch die frühere pflichtmäßige Ankündigung der Predigtdisposition von Pfarrer Geyer als Zopf bezeichnet wird. Man muß sich aber folgendes vor Augen halten: Die Ankündigung einer Disposition beweist zunächst einmal, daß der Redner eine solche angefertigt und seiner Rede zugrunde gelegt hat. Das sichert den Zuhörer vor größeren unvorbereiteten Abschweifungen des Redners, und er kann auf konzentrierte Durchführung rechnen. Die Dispositions-Ankündigung hat aber auch den Vorteil, daß der Hörer jederzeit weiß, in welchem Teil der Rede er sich befindet und was er noch zu erwarten hat. Das müßte ihm willkommen sein, zumal wenn er einmal etwas geistesabwesend oder gar eingeschlafen war, was sowohl in Predigten wie in Vorträgen vorkommt.

Es empfiehlt sich also für den Redner, bei Beginn *anzukündigen:* „Ich werde mein Thema in drei Teilen durchführen, nämlich 1., 2., 3." Der Besucher weiß nun, unter welchen verschiedenen Gesichtspunkten das Thema behandelt wird, ein trennender Schleier löst sich von dem ihm bisher noch unklaren Begriff, ein Gedankengebäude lädt ihn zum Eintreten ein wie beim Aufschlagen eines Buches, das schon durch seine Gliederung und Gestaltung Einblick in das zu Erwartende gibt.

Ist der erste Teil beendet, so würde der Redner weiter ankündigen: „Ich komme zum nächsten (zweiten) Teil" oder *ungezwungen* hinübergleiten:

„Wie sieht aber die heutige Lage aus?"
oder: „Was erwarten wir von der Zukunft?"
oder: „Was lehren uns diese Betrachtungen?"
oder: „Hören wir nach diesen Gründen auch die Gegengründe an."

Damit ist er am nächsten Redeteil oder dem Schlußteil angelangt. Eine kurze Pause, entsprechend dem Absatz im Gedruckten, wird den Übergang verdeutlichen.

Eine klare Disposition zu finden, sollte eigentlich keinem Redner schwer fallen, haben wir doch schon unsere Schulaufsätze aufbauen und gliedern müssen, freilich waren es oft genug Themen, die mit dem Leben und unseren Interessen wenig Berührung hatten.

Zunächst gibt es Themen, bei denen die Disposition von selbst gegeben ist und keinerlei Nachdenken erfordert. Z. B. bei dem Thema

„*Für und wider* das Preisamt“

wird der Redner erst die für das Preisamt sprechenden Gründe aufzählen, dann die gegen das Preisamt bestehenden, schließlich wird er Gründe und Gegengründe *abwägen:* welche die gewichtigeren sind. Unter der Voraussetzung, daß vielleicht manche Zuhörer von diesem Amt überhaupt zum ersten Male Kenntnis erhalten, hätte er darzulegen, seit wann, warum und mit welchem Ergebnis (Nutzen) dieses Amt arbeitet. Das Für und Wider wären die Kernstücke der Rede, wie angekündigt.

Ebenso leicht entsteht eine Disposition aus zeitlicher Betrachtung etwa unter dem Titel

X-Stadt } *einst und jetzt.*
Y-Werk }

Hier würde aufgezeigt die Entwicklung dieser Stadt oder dieses Unternehmens aus kleinsten Anfängen zu späterer unerwarteter Ausdehnung und wie es dort heute nach den kriegsbedingten Schicksalsschlägen aussieht. Es ergäbe sich also eine Betrachtung

1. der Vergangenheit,
2. der Gegenwart,
3. der Zukunft;

denn der Redner wird dabei auch einen Ausblick bieten mit zukünftigen Forderungen, einer Nutzanwendung des Gehörten und praktischen Vorschlägen. Hauptstück ist naturgemäß meistens der Teil über das „heute“, die Gegenwart.

Bei dem Thema „*Alkohol und Tabak* — Gift oder Genußmittel?“ wird der primitive Redner 1. den Alkohol, 2. den Tabak besprechen, außerdem hätte er die Begriffe Gift und Genußmittel zu erklären, Der gewandtere Redner würde das Thema einleitend als ein Charakteristikum unserer Zeit darstellen, dann im 1. Teil die Rolle schildern, die Alkohol und Tabak im *täglichen* Leben als Genußmittel spielen, im 2. Teil aber die *Schäden durch den Mißbrauch* aufzählen, wodurch diese Genußmitel zu Giften werden, er würde fragen, was namentlich im Hinblick auf die gefährdete *Jugend geschieht,* er könnte schließlich in einem 3. Teil die *volkswirtschaftliche* Seite darstellen: wieviel Arbeitsplätze Alkohol- und Tabakkonsum schafft und wieviel Steuern er dem Staate einbringt, dies mit ein paar Zahlen illustriert.

Das Thema „*Warum* Gewerkschaften?“ ließe sich folgendermaßen disponieren:

Einleit.: Erklärung des Wortes Gewerkschaften.

1. Teil: Wie war es *ohne* Gewerkschaften und Was führte zur Gründung von Gewerkschaften?

2. Teil: Wie wirkt sich die Einrichtung von Gewerkschaften aus?

3. Teil: Welches sind die *Gegner* von Gewerkschaften und aus welchen Gründen?

Schluß: Klare *Antwort* auf die Frage des Titels.

Die Teile 1 bis 3 bilden sozusagen das Material für die Antwort. Ein Untertitel vom 2. Teil oder — falls umfangreicher — ein selbständiger 4. Teil könnte einer vergleichenden Betrachtung anderer Länder gewidmet sein.

Erleichtert wird die Gliederung durch die Frage: Wer und was ist dabei beteiligt? Z. B. soll ein Vortrag über das *Theater* gehalten werden, würden sich drei Hauptteile ergeben:

1. Die Baulichkeiten und technischen Einrichtungen (Bühne),
2. Das Personal, vor allem das künstlerische,
3. Die Stücke, also der Spielplan.

Bei 1. kann der Redner bis zu den antiken Freilichtbühnen zurückgreifen, bei 2. auch berühmte Künstler der Theatergeschichte erwähnen, bei 3. Wünsche und Richtlinien für die Spielplangestaltung vortragen. In welcher Reihenfolge der Redner aufbaut und auf welchen Teil er den Hauptwert legt, bleibt ihm überlassen.

Bei einer Rede über das Buchwesen etwa unter dem Titel

„Meine Bücher“ oder *„Was ich gern lese“*

wäre der darzustellende Personenkreis von Beteiligten, 1. Autoren, 2. Verleger, 3. Buchhändler, 4. Leser, zu denen auch der Redner gehört.

Ist der Redner Kopfarbeiter, so wird er sich auch mit dem Anteil der Handarbeiter an seinem Thema befassen, ebenso der Werkarbeiter sich in die Lage des Geistesarbeiters versetzen müssen.

Bei dem schon schwierigeren Thema „Die Gleichberechtigung der Frau“ lautet eine naheliegende Einteilung: Gleichberechtigung 1. in der Ehe, 2. im Beruf. Ein anderer Redner gliedert das Thema in eine Gegenüberstellung der Auffassungen von der Gleichberechtigung verschiedener Völker und Zeiten. Für weitere Gesichtspunkte würde folgender Rahmen erforderlich sein:

Einleit.: *wo* und *wann* der Begriff der Gleichberechtigung entstand,
1. Teil: *wie* kam es zur Gleichberechtigung?
2. Teil: um *was* ging resp. geht es bei der Gleichberechtigung?
3. Teil: wie die *heutige* Gleichberechtigung aussieht,
Schluß: *persönliche* Meinung und Wünsche.

Schließlich noch ein Dispositionsvorschlag für eine Rede über den *Schuman-Plan,* auf dem die Montanunion fußt:

Einleit.: nach wem genannt, Persönlichkeit Schumans,
1. Teil: Organisation, Satzungen, davon die *Hauptpunkte,*
2. Teil: Gegenstand und regionale Ausdehnung des Schuman-Planes,
3. Teil: Auswirkung für *Deutschland,*
4. Teil: welche Länder nicht daran beteiligt, Standpunkt der Gegner.
Schluß: persönliche Auffassung, evtl. als Fachmann, und Ausblick.

Es existieren zum Schuman-Plan verschiedene Flugschriften, auch Werbebroschüren genannt, in denen alles Wichtige in Zeichnungen und Diagrammen veranschaulicht ist. Man erhält dadurch nicht nur Material zur Rede, sondern prägt sich diese bildlichen Darstellungen so ein, daß sie aus dem Kopfe wiedergegeben werden können.

Ein Fehler wird im ersten Teil oft dadurch gemacht, daß dieser als *geschichtlicher Teil* zu umfangreich und ermüdend gerät. Wir haben wohl alle einige Kenntnisse der geschichtlichen Entwicklung unseres Berufsgebietes, so daß es uns nicht schwerfällt, darüber zu sprechen. Sofern es sich nicht um ein rein geschichtliches Thema handelt, möchte dieser Teil zeitlich nicht zu weit zurückgreifen. Schon die letzten 40 Jahre haben wohl auf jedem Gebiet solche Veränderungen gebracht, daß deren Schilderung bereits als geschichtlicher Rückblick genügt, natürlich wird man gelegentlich auch auf 100 oder mehr Jahre zurückgreifen müssen. Aber dann in großen Zügen! Sonst geht wertvolle Zeit für die immerhin wichtigere Betrachtung der Gegenwart verloren. Es kann auch von dem Kunstgriff Gebrauch gemacht werden, erst von der Gegenwart zu reden; sind die Zuhörer aufmerksam gespannt, dann einmal in die Geschichte zurückgreifen, etwa so:

„Nicht immer war unser X-Werk ein so großes Unternehmen; wenn wir einmal um 50 Jahre zurückgehen, werden wir in die Zeit der ersten Entwicklung aus primitiven Anfängen versetzt. Damals ..." In dieser Form würde eine Exkursion in vergangene Zeiten mehr Interesse finden, als wenn die Rede mit einem langatmigen geschichtlichen Teil beginnt.

Die vorstehenden Dispositionsentwürfe sind nur als Hilfen und Anregungen gedacht, sie lassen sich aber auf die meisten Themen irgendwie anwenden. Vom Fachvertreter eines Gebietes wird erwartet, daß er aus langjähriger täglicher Erfahrung mit der Materie eine allen Anforderungen entsprechende Disposition anzufertigen in der Lage ist.

Im Laufe einer längeren Rede möchten alle Mittel aufgeboten werden, *Steigerung und Spannung* zu erzielen, um das Interesse wachzuhalten und keine Langeweile aufkommen zu lassen. Auch das kann auf einfache Weise geschehen: Entweder man wiederholt etwas schon früher Gesagtes, nun aber mit kräftigeren Worten, mit erhobener Stimme und reicheren Gesten oder bietet hierzu aufgehobenes Material: Belege durch Aussagen, Dokumente, Zahlen, Äußerungen von Fachautoritäten. Die Meinung des Redners ist dadurch gestützt und getragen von nicht zu widerlegenden Beweisen oder den Ansichten maßgeblicher Persönlichkeiten. Der Zuhörer, ursprünglich vielleicht noch nicht ganz überzeugt, wird nunmehr zustimmen.

Von entscheidender Bedeutung ist die Gestaltung des *Schlusses* einer Rede; er wird zum mindesten eine *Zusammenfassung* der Dispositionsteile und Hauptgedanken bringen, und zwar in besonders eindringlichen Worten. Hier wäre Gelegenheit, in wirksamer Art *Vorschläge* zu machen, auch wenn diese im Augenblick noch nicht realisierbar erscheinen. Nach einer Ankündigung „Mein Vortrag ergibt somit folgende Schlußfolgerungen ..." könnte der Redner diese in drei bis fünf Sätzen bringen. Vorteilhaft wäre auch ein einprägsames *Schlagwort* oder ein kraftvoller Kernsatz wie „Jeder ein Kämpfer!“ oder „Alles für die Gesundheit!“ Öfters heißt es in Zeitungsberichten: „Am Schluß richtete der Redner einen dringenden *Appell* an die Anwesenden.“ Das wäre die beste Lösung des Schlusses, ihn zu einem Appell zu gestalten, etwa so: „Ich fordere Sie nun auf, ...“ oder „Ich appelliere an Ihre Opferbereitschaft“. Damit erhalten die Zuhörer eine klare Weisung, was sie in Zukunft tun oder denken sollen.

Folgende *Fehler* werden im Schlußteil meistens gemacht: Unvermittelt und plötzlich ist die Rede zu Ende, ein Schlußteil fehlt. „Er konnte den Schluß nicht finden“ hieß es schon bei Gottfried Keller. Die übliche Ankündigung: „Ich komme nun zum Schluß“ verpflichtet, mit abschließenden Gedanken die Rede zu beenden, und verbietet, diese noch fortzusetzen. Ist dem Redner geglückt, einen Schlußhöhepunkt zu finden, so muß die Rede damit unbedingt enden, also niemals diesen zerreden!

Churchill hat angeregt, gelegentlich mehrere Varianten des Schlußteils vorzubereiten. Wird auf einer Tagung, auf einem Kongreß, im Parlament lange debattiert mit unbekanntem Ausgang der Sache, so empfiehlt sich, mehrere Schlüsse bereitzuhalten, um dem jeweiligen Ergebnis Rechnung zu tragen.

Zum Verständnis eines schwierigen Vortrages wirkt es sehr erleichternd, wenn am Saaleingang *Programme* verteilt oder verkauft werden, enthaltend ein Exposé des Vortrages mit allen vorkommenden wichtigen Namen und Zahlen; sie können dann nicht mißverstanden werden. Einem angefügten Literaturverzeichnis entnimmt der interessierte Hörer, was auf diesem Gebiete an maßgebenden Büchern existiert.

7. Ausdruck und Stil

Der Begriff Ausdruck und Stil ist sehr weit zu fassen, denn die Anwendung der sprachlich-gestaltenden Ausdrucksmittel erstreckt sich sowohl auf die geistige Grundhaltung des Redners als auch auf die Einzelheiten seiner Ausdrucksweise.

Als erstes ist *Klarheit* der Gedanken und der Ausdrucksweise zu fordern, damit keine Unklarheit aufkommt. Sonst kann passieren, was Uexküll nach einem Vortrag des Dorpater Prof. A. von Oettingen über Pantophysik erlebte: Der eigene Bruder des Redners, der geistvolle und sarkastische Oberbürgermeister von Riga, G. von Oettingen, erhob sich und sagte: „Ich bitte den Herrn Redner, seinen Vortrag noch einmal zu wiederholen, weil mir nicht alles unklar geworden ist."

Zweitens soll der Redestil *dem Inhalt angepaßt* werden. So sagt Theodor Heuss von Friedrich Naumann, daß er über Sachliches nüchtern referierte, leichte Dinge plaudernd vorzutragen verstand.

Als drittes soll der Redner lernen, seine eigene Person hinter die Sache, der er dient, zurückzustellen. Etwas anderes ist es, diese Sache durch ein persönliches Erlebnis zu illustrieren und zu verdeutlichen: „Ich habe damals teilgenommen und will Ihnen meine Eindrücke schildern." Hier erhält die Darstellung eine gewisse private Note, die erwünscht ist und die Persönlichkeit des Redners interessanter macht.

Zu einem der wichtigsten Ausdrucksmittel kann der *Humor* werden, mit dem sich gerade Unangenehmes leichter sagen und gute Aufnahmebereitschaft erzielen läßt. Es ist bei längerer Rede ratsam, den Zuhörern einige Male Anlaß zum herzhaften *Lachen* zu geben. Sitzt man einige Zeit zusammengedrängt, ohne sich rühren zu können, so versetzt das Lachen in innere und äußere Bewegung. Das Lachen kommt durch Zwerchfellstöße zustande, daher auch der Ausdruck „zwerchfellerschütterndes Lachen". Von hier gehen körperlich-seelische Wechselwirkungen aus: eine Belebung des ganzen Menschen. Diese sollen aber niemals erzielt werden durch Witzeleien des Redners, sondern nur durch Humorvolles, das sich aus dem Stoff selbst ergibt. Fast auf jedem Gebiet, auch dem ernstesten, sind dem Fachmann heitere Ereignisse oder gar eigene Erlebnisse bekannt, von denen er Gebrauch machen darf. Sogar der Kanzelredner kann Humorvolles bringen, wie z. B. Geyer sagt: „Es ist mir lieber, sie lachen als sie schlafen. Hier in der Kirche verwandelt sich das Lachen in ein Lächeln, das Lächeln der Lippen in ein Lächeln der Seele." Redner aber, die alles nur von der witzigen Seite auffassen, sollen sich einschränken, wenn sie ernst genommen werden wollen.

Noch einmal sei auf die wünschenswerte Fähigkeit hingewiesen, den *während der Rede* aufkommenden Gedanken und Gefühlen, auch der Begeisterung, im Augenblick richtigen Ausdruck zu geben: das ist wohl die eigentliche rednerische Kunst.

Wenden wir uns den stilistischen Einzelheiten zu, so erfordert zunächst die *Satzgestaltung* besondere Beachtung. Schachtelsätze, auch Bandwurmsätze oder Treppensätze genannt, sind zu vermeiden, da infolge des Ineinanderschachtelns von Nebensätzen der Redner am Satzende nicht mehr weiß, wie er angefangen hat, der Satz also in der Luft hängen bleibt. Solche Sätze lassen sich gedruckt noch entziffern und verstehen, in der Rede sind sie aber ein Unding.

Als einen Ausnahmefall erwähnt Heinrich Seidel den Prof. der Kunstgeschichte Friedrich Eggers: „Seine Vortragskunst war außerordentlich. Der Stil seiner Vorträge konnte nicht gerade vorzüglich genannt werden; denn in dem Bestreben, möglichst viel zu sagen, hatte er eine Vorliebe für lange Perioden mit Einschachtelungen. In seinem Munde aber nahmen diese überladenen Sätze eine wunderbare Klarheit an. Indem er bald scharf betonte, bald schnell dahineilte, bald durch eingefügte Schachtelsätze blitzartige Seitenlichter auf den dargestellten Gegenstand warf, merkte man gar nicht, welch ein Bandwurm sich da eigentlich vor einem entrollte."

Um diesen Fehler zu vermeiden, wenden wir die bekannte Schulregel an:

Neuer Gedanke — neuer Satz!

Also kurze Sätze bilden! Auch läßt sich die Bildung von Nebensätzen vermeiden durch ein Hauptwort.

Unser weiteres Bemühen gilt der Wahl des einzelnen Ausdruckes.

Nach Zeitungsberichten bediente sich ein Redner der metaphorischen Ausdrucksweise: Das ist die Anwendung der *Bildersprache* (Metapher). Durch übertragene Ausdrucksweise entsteht eine bildhafte Redewendung, etwa

im *Herbst* des Lebens
trockener Humor.

Hier soll man sich hüten, zu verbrauchte Bilder zu benützen, wozu

Der rote Faden / Der Zahn der Zeit

gehören. Mit der Wahl falscher Bilder haben insbesondere Parlamentsredner, auch berühmte, unbeabsichtigte Heiterkeitserfolge gehabt, wofür als Beispiel diene:

Der Wagen der Revolution rollt einher und fletscht die Zähne.

Gepflegte Ausdrucksweise läßt die Anwendung von *Kraftausdrücken* nicht zu. Man wird z. B. den Ausdruck Besoffenheit vermeiden und dafür Trunkenheit oder Alkoholrausch wählen, statt Quatsch das Wort Unsinn. Ebenso ist Vorsicht geboten mit Übertreibungen und Superlativen.

Jede Zeit hat gewisse *Modeworte*, gegenwärtig sind es die Ausdrücke

prima, phantastisch, ganz groß;

sie gehören nicht in die seriöse Rednersprache.

Andere Redner wollen durch viele *Zitate* ihre Bildung unter Beweis stellen. Aus Schriftwerken zitieren sie Stellen, die zu geflügelten Worten geworden sind. Hierbei empfiehlt es sich, das Zitat auf seinen Sinn zu prüfen. In dem Zitatenschatz des deutschen Volkes von Georg Büchmann „Geflügelte Worte" können Zitate in deutscher und anderen Sprachen auf Quelle und Ursprungssinn nachgeschlagen werden. Wer in einer fremden Sprache etwas zitiert, ohne diese zu beherrschen, entschuldige seine Aussprache und vergesse nicht die deutsche Übersetzung, damit alle Zuhörer den Sinn verstehen.

Ein ständig falsch interpretiertes Wort ist das vom Amtsschimmel, er kann nicht geritten werden, weil es ein Schimmelüberzug ist, der sich — wie auf altem Brot — an unbearbeitet liegengebliebenen Akten von Ämtern festsetzt.

Bemühen wir uns auch, auf *Fremdworte* zu verzichten, wenn ein deutsches Wort dasselbe besagt.

Das wird nicht immer der Fall sein, womit fanatische Fremdwortgegner, die man zuweilen antrifft, rechnen mögen.

Manche Worte verlangen ganz besondere Vorsicht wegen ihres *Doppelsinnes*. So wurde im Bundestag das Wort „rechtsgebunden" mißverstanden. Meinte der Redner „an das Recht gebunden" oder „an eine Rechtspartei gebunden"? Ebenso zweideutig sind Worte wie

pikant, beschränkt, unter anderen Umständen.

Das Wort „Führer" hat einmal einen bestimmten Sinn bekommen, so daß es heute kaum noch angewendet werden kann. Auch andere Worte haben neue Bedeutung erhalten, wie z. B. Sektor, Zone, oder es sind neue Wörter entstanden, wie z. B. Theateroffizier.

Was wir nicht hören wollen ist die den Sätzen angehängte stereotype Frage:

Nicht wahr?, Nich?, Ja?

Energisch muß auch die Verballhornung der Partikel „eben“ zu „ämbd“ bekämpft werden, durch die mancher Redner an Niveau viel verliert.

Ein Kollege des Klinikers von Strümpell häufte das „also“ in jedem Satz, so daß er z. B. die Demonstration einer Neubildung (Krebs) in der Vorlesung mit den Worten schloß: „So haben wir es also hier zu tun mit einem also Karzi-also-nom.“

Die Anwendung von „brauchen“ ohne „zu“, etwa „Sie brauchen nicht denken“, ist ein Zeichen von Unbildung oder Nachlässigkeit.

Fehlerhafte Umstellung der Wortfolge (Inversion) bieten merkwürdig oft die Reden Kaiser Wilhelms II. (und danke ich Ihnen, — und spreche ich ... aus, — und können Sie, — und kann ich nun, — und bin ich es ... schuldig), die durch gehäufte Superlative und Bevorzugung des schon phonetisch unschönen Wortes „Jetztzeit“ (statt Gegenwart) geradezu falsches Deutsch bieten (schöner wie, — zu dem Zeitpunkt, wo, — am heutigen Tage, wo).

Schließlich beschäftigen uns noch spezifische *Kunstmittel der Rede.* Zunächst die Form des Ausrufes, etwa

So geht es nicht weiter!
Vergessen Sie dies niemals!

Noch lebendiger wirken Fragen an die Hörer:

Was sagen nun unsere Gegner dazu?
Jetzt frage ich Sie: ...

Ein besonderes Kunstmittel sind die *rhetorischen Fragen,* auf die keine Antwort erwartet wird, die nur anregen sollen, etwa: Wozu war das eigentlich alles nötig?

Rednerische Wirkungen bietet die absichtliche Wiederholung eines Wortes oder Satzes, wie z. B. schon Cato seine Senatsreden während der letzten 10 Jahre jedesmal schloß:

Ceterum censeo Carthaginem esse delendam.
(Im übrigen bin ich der Meinung, daß Carthago zerstört werden muß!)

Ein Beispiel aus neuer Zeit enthält die Rede Clemenceaus vom 10. März 1918 in der Übersetzung von Schwertfeger:

„... Meine auswärtige und meine innere Politik sind ganz dasselbe:

Innere Politik: ich führe Krieg
Auswärtige Politik: ich führe Krieg
Ich führe immer Krieg
Rußland verrät uns: ich führe weiter Krieg.

Das unglückliche Rumänien ist gezwungen, zu kapitulieren;

und ich führe weiter Krieg.
Und ich werde weiter Krieg führen

bis zur letzten Viertelstunde, denn uns wird die letzte Viertelstunde gehören."

Damit man nicht an Lieblingswendungen hängenbleibt, sondern Wortschatz und Ausdrucksfähigkeit erweitert, empfiehlt Rittelmeyer sehr genaue Vorbereitung in diesen Dingen. Freilich bevorzugt jeder seine Lieblingsausdrücke, z. B. die Nazis das Wort „Garant". Eine immer wiederkehrende, abgenutzte Phrase ist auch:

In diesem Sinne { begrüße ich die Versammlung.
schließe ich meinen Vortrag.

Wie der Mensch, so sein Stil. Das hat Bismarck in einer Rede richtig charakterisiert: „Der Herr Vorredner ist viel geschulter in der Rhetorik, und ich habe mich etwas geschämt, in meinem hausbackenen Deutsch nach seiner wohlgeschulten Rede sprechen zu müssen. Ich kann es aber nicht anders geben, als es mir gewachsen ist."

Dagegen ließ Bismarck bei allen Schriftsätzen ein oder mehrere Konzepte anfertigen, bis die Reinschrift ein stilistisches Optimum erreichte, so daß ein geradezu klassisches Deutsch entstand bei einfacher und natürlicher Ausdrucksweise unter Beseitigung aller Superlative, ohne je in Kanzleistil zu verfallen, was sein Chef der Reichskanzlei Chr. v. Tiedemann rühmt.

So sollte jeder am Stil arbeiten. Nach der Schulzeit kann das noch im Elternhaus ein wenig kontrolliert und angeregt werden. Fürs ganze Leben gilt: Nur gute Bücher lesen und bei allen Schriftlichkeiten erst einen Entwurf, notwendigenfalls auch zwei oder drei Entwürfe anfertigen.

Das Bemühen um Verbesserung des Schreibstiles wird auch dem Redestil zugute kommen, den wir uns frei von Papierdeutsch und billigen Phrasen wünschen.

8. Stimmliche Voraussetzungen

Wer eine rednerische Tätigkeit auszuüben beabsichtigt, soll sich *vorher* fragen, ob er auch die Stimme dazu besitzt und evtl. das Urteil eines Stimmfachmannes einholen. Statt dessen verlassen sich die Redner auf ihre Naturstimme, deren Mängel die oratorische Wirkung einschränken und behindern. Bekannte Beispiele waren Bismarck und Stresemann; von letzterem sagt Schwerin von Krosigk: „Der blecherne Ton seiner Stimme beeinträchtigte zwar etwas die Wirkung seiner Rede. Allmählich wurden seine Reden immer geschliffener und tiefer. Bei der Fülle der Gedanken vergaß man das klirrende Organ."

Redner mit auffallenden Stimmanlagen gehören zu den Seltenheiten: Von Mirabeau wird berichtet, daß er eine unsagbar einschmeichelnde Stimme von Fülle und Wärme gehabt habe. Briands Stimme nahm, nach der Schilderung Paul Schmidts, immer mehr jenen volltönenden Klang an, der seine Zuhörer oft veranlaßte, sie mit einem Cello zu vergleichen, so daß er in einer Genfer Revue als ‚Mann mit dem Cello' dargestellt wurde. Zweifellos ermöglicht gerade die französische Sprache eine klangvolle Entfaltung der Stimme. Selbstverständlich hat auch Deutschland stimmbegabte Redner aufzuweisen.

Es geht bei der Rednerstimme um viel mehr als nur um das schön klingende Organ: Modulationsfähigkeit, Durchhalten und ökonomische Stimmbehandlung, also quantitative Erfordernisse kommen zu den qualitativen hinzu. Ob der zukünftige Redner diesen Anforderungen gewachsen sein wird, läßt sich auf verschiedene Weise feststellen.

Wenn die Stimme schon im täglichen Berufsleben und privaten Umgang mangelhaft klingt, vielleicht sogar versagt, fehlen die notwendigen Voraussetzungen zum Redenhalten. Leseproben mit lauter Stimme ermöglichen, zu ermitteln, ob und wie lange das Organ durchhält. Es müßte eine stundenlange Belastungsprobe bestehen, reicht es aber nur zu 20 Minuten oder weniger, so ist die Stimme für eine Rednertätigkeit unzureichend.

Warum genügen Naturstimme und angeborene Klangfarbe nicht, weshalb ist mit Schwierigkeiten zu rechnen, während andere Organe des Körpers ein Leben lang ihren Dienst glatt leisten? Hierauf ist zu antworten, daß bekanntermaßen jedes Handwerk mehrere Jahre Zeit braucht, um es als Meister zu beherrschen. Wer nun das *Handwerk* der Rhetorik erlernen will, müßte doch wenigstens *ein* Jahr der stimmlichen Vorbereitung widmen. Da aber das Reden eine *Kunst* sein soll, so wären längere Stimmstudien eine verständliche Forderung; denn es wird oft mit sehr geringen Voraussetzungen begonnen.

Eine Stimme entwickelt sich keineswegs so gradlinig und normal, wie es der Laie annimmt und erhofft, sondern die Entwicklung kann so gehemmt oder steckengeblieben sein, daß überhaupt keine gesunde, brauchbare Erwachsenenstimme zustande kommt*). Auch hinterläßt Diphtherie im Kindesalter eine belegte, heisere Stimme. Damaschke hatte im 11. Lebensjahr durch diphtheritische Infektion das Sprachvermögen für längere Zeit fast verloren, er konnte nur noch stammeln und stottern.

Nicht geringer sind die Schäden durch unvollkommen gebliebene Mutation: der für den jungen Mann so markante *Stimmwechsel* zur Zeit der Geschlechtsreife ist nicht glatt vonstatten gegangen, sondern hat einen peinlichen Rest unmutierter Stimme hinterlassen, hörbar in fistulierendem Überschnappen eines sehr hoch liegenden Organes, das am Telefon leicht für eine Frauenstimme gehalten wird. Nach den neuesten Erfahrungen lassen sich solche Fälle von stimmlichem Infantilismus auch später noch klanglich ausgleichen und normalisieren.

Die *Rednerin* ist stimmlich ihren Kollegen unterlegen; denn mit tiefem Brustton wirkt sie wie eine vermännlichte Frau, mit zarter, hoher Falsettstimme kann sie nicht durchdringen, diese läßt sich in der Erregung nicht steigern, sondern überschlägt sich. Burggel berichtet von einer Rednerin mit auffallend piepsiger Stimme, die trotz größter Bemühungen, sie zum Reden kommen zu lassen, von der Versammlung durch Lachen zum Abtre-

*) Ausführlicher dargestellt in Biehle: Stimmkunde, Sammlung Göschen Band 60.

ten gezwungen wurde. Und die taubblinde, ursprünglich auch stumme Helen Keller hat selbst geschildert, wie sie ihre Mittellage für Vorträge erst erwerben mußte: „Gerade beim Üben für ein öffentliches Auftreten versagte die Stimme plötzlich ganz, sie schlug von tiefster Tiefe um zu einer Fistel, die uns alle entsetzte ... Die Mittellage der Stimme war mir versagt, ich sprach *entweder zu hoch oder zu tief*. Ich erwarb nie Leichtigkeit des Ausdrucks oder eine angenehme Stimme."

Nun aber das Haupthindernis in der richtigen Stimmbildung: die *Katarrhe*.

Wir Menschen leiden, in sehr unterschiedlichen Formen, an Katarrhen, einem vorwiegend durch unsere falsche Lebensweise entstandenen Zivilisationsübel: Katarrhen von Nase, Rachen, Kehlkopf, Luftröhre, Bronchien, Lunge sowohl akut als auch chronisch, nicht zu vergessen den Raucherkatarrh. Es gibt drei Signale für katarrhalische Zustände: das Bedürfnis zum Räuspern, Husten und zur Expektoration. Diese niemals zu unterdrückenden Funktionen machen sich besonders bemerkbar nach stärkerer Beanspruchung der Stimme; sie will sozusagen ihren Sitz vertiefen, stößt aber dabei auf Verschmutzung und Verschleimung in den Luftwegen.

Die Auswirkungen der Katarrhe für die Rednerstimme wie überhaupt für jede Stimme, auch die des Sängers und Schauspielers, dürfen nicht unterschätzt werden. F. Th. Vischer, selbst ein „Zauberer der Beredsamkeit", wurde durch eigene Erfahrungen zu seiner parodistischen Pfahldorfgeschichte *„Auch einer"* veranlaßt: „Wenn mich mitten in warmer Rede ein Hustenreiz überkommt, daß ich in seltsamen Fisteltönen steckenbleibe, so ist an sich nichts da als ein Mensch mit seinem Wollen und Tun und ein Stück grobe Natur, die sich um jenes nicht kümmert, sondern blind dazwischenfährt." Für die wahrhaft komische Darstellung in obengenanntem Roman war „der Katarrh der Magnet".

Ein Musterbeispiel für katarrhalische Stimmbehinderung bot *Bismarck* als Redner: sein zartes, schwaches, hohes Stimmorgan wurde unterbrochen und gestört durch ein gewohnheitsmäßiges starkes Räuspern, anscheinend nur teilweise aus physischem Bedürfnis entstanden. Nach dem Bericht eines Stenographen in Schmidts Bismarck-Anekdoten sprach aus diesem kolossalen Mann eine fast frauenhafte, nicht gerade sehr sympathische Stimme, die namentlich bei seinen nervösen Affektionen in jedem Satz ein bis zweimal von einem donnernden Räuspern unterbrochen wurde. Der Stenograph fragt, ob dieses nachdrückliche Räuspern eine oratorische List war und eine rhetorische Bedeutung hatte, da hierbei Bismarck vielleicht neue Gedanken kamen. „Wenn der Fürst einen Satz in schroffster Form begann und man notwendig eine großartige Grobheit erwartete, kam mit einem Male ein Räuspern und damit eine Änderung seiner Redeweise, an die kein Mensch gedacht hatte. Diese Art zu sprechen konnte vom Stenographen nicht wiedergegeben werden."

Auch Dozentenstimmen leiden oft an katarrhalischen Störungen. So bedauert Pantenius, daß Kieperts Kollegien über die alte Geographie leider durch ein Räuspern des Vortragenden, das fast nach jedem Wort erfolgte, entstellt wurden.

Durch das Räuspern treten unerwünschte Pausen ein, andererseits werden Pausen benützt, um sie mit Räuspern auszufüllen.

Die ungewohnten Redestrapazen können sich verheerend auswirken. So hatte D a m a s c h k e nach einer Rede im heißen Saal auf dem Heimwege in kalter Winternacht *weitergesprochen* und sich ein lästiges Halsleiden zugezogen.

Von seinem „miserablen Organ" spricht Karl Scheffler. Sven Hedin mußte während der langen Autofahrten auf Vortragsreisen schweigend neben dem Fahrer sitzen, um seine Stimme zu schonen (!), von namhaften Theologen berichten u. a. Keller, Ragaz und Johannes Naumann, der Bruder des Politikers, über schlechte stimmliche Erfahrungen.

Schlimmes hatte L i l y B r a u n, die Verfasserin der Memoiren einer Sozialistin, in stimmlicher Hinsicht durchmachen müssen:

„Von einer meiner Versammlungen war ich fast stimmlos zurückgekehrt. ‚Sie dürfen weder in Rauch noch in Staub sprechen', sagte der Arzt, wie schon einmal vor Jahren. Ich ließ mir den Hals ein paarmal einpinseln und fuhr nach Schlesien. Mit äußerster Anstrengung gelang es mir, noch zwei Reden zu halten. Dann versagte die Stimme ganz. Jetzt erklärte der Arzt, daß ich sobald als möglich fort müsse, in gute, reine Luft, am besten ins Gebirge ..." Später: „Den Husten, der mir des Nachts den Körper erschütterte, suchte ich zu ersticken, meine Stimme, die versagen wollte, zwang ich unter meinen Willen. Sobald ich sprach, erschrak ich vor der Stimme, die nicht mehr die meine war. Im letzten Wahlkampf hatte sie ihren Klang verloren, war heiser und rauh geworden. Und ich hatte sie geliebt, weil sie meine Worte so leicht und willig bis in jeden Winkel trug ... Mitten in einer Vortragsreise versagte meine Stimme völlig. Was die Ärzte schon lange vorausgesagt hatten, geschah: von einer Tätigkeit wie der bisherigen konnte keine Rede mehr sein."

Dieser Fall zeigt, daß weder vorher rechtzeitig noch im Stadium des Versagens etwas *Richtiges* für die Stimme getan worden war; denn die überanstrengte und entgleiste Stimme muß pädagogischer Behandlung zugeführt werden zwecks Umwandlung der falschen Funktionen in richtige, ein Vorgang, der das *geschulte Ohr* des Stimmpädagogen voraussetzt. Der *Vergleich* mit dessen Stimme und klingendem Beispiel macht dem Stimmkatarrhaliker die Mängel seines eigenen Organes deutlich, mit welchem Klang sein Sprechen verbunden ist, ob er kehlig, gaumig, näselnd, belegt, heiser, kratzig oder zu schwach. zu tonlos ist. Dann hilft auch phonetisch geschultes Sprechen nichts, es klingt überhaupt nicht und dringt auch niemals zum Herzen der Hörer.

Die letzten 50 Jahre haben uns ganz neue Erkenntnisse vom Wesen der menschlichen Stimme, ihren Bildungs- und Heilungsmöglichkeiten gebracht, die G. Armin zu verdanken sind. Seitdem wissen wir, daß die sog. *Ansatzfehler* immer *mit Katarrhen verbunden* sind, deren Beseitigung auf stimmlichem Wege, d. h. durch stimmtherapeutische *Übungs*maßnahmen, am natürlichsten und sichersten gelingt — was leider der Allgemeinheit noch nicht genügend bekannt ist.

Jeder Stimmunterricht muß davon ausgehen, daß die Stimme *durch Katarrhe weitgehende Behinderung erfährt,* aber auch vice versa *durch falsche Stimmgebung Katarrhe erzeugt* werden. Unter diesem Gesichtswinkel heißt die pädagogische Aufgabe: zunächst *Kräftigung* der an der Stimmbildung beteiligten Muskeln, die meist schwach, spröde, unelastisch sind. Zweitens *Reinigung:* es ist ein Großreinemachen der Luftwege nötig, sitzen doch die stimmlichen Hindernisse *unterhalb* der Kehle; diese Reinigung bringt zugleich eine erwünschte Massage und damit Regenerierung der Schleimhäute, von deren Zustand die Stimme abhängig ist. Drittens *Weitung* der Organe, weil in einer enggebauten Kehle die Klangentfaltung behindert wird.

Nur eine wirkliche Stimmbildungsarbeit, nicht zu verwechseln mit Atem- und Sprechübungen, gibt dem Organ eine Stabilität, daß es sowohl den Anforderungen längerer Rede als auch Temperatureinflüssen und seelischen Erregungen gewachsen ist.

In einigermaßen normal gelagerten Fällen konnte und kann schon in 20 bis 25 Einzellektionen sehr viel von diesen Forderungen erreicht werden laut zahlreichen Erfolgsberichten besonders von Lehrern und Geistlichen.

Auch bei genügenden Anlagen für Rednerzwecke bedarf die Stimme trotzdem der Unterweisung: Wie man mit ihr umzugehen hat, nämlich keinen *Mißbrauch* zu treiben durch rücksichts- und schonungslosen Einsatz. Es ist auch bei guten Stimmanlagen ein virtuoses Spielen zu beobachten, wie z. B. Paul Lindau bei Lassalles berühmter Rede von 1864 feststellt: „Das Herumspringen seines modulationsfähigen Organes in allen Stimmlagen zeigte sich auch hier in noch verstärktem Maße, sein Vortrag war im höchsten Grade wirksam, wenn auch nicht frei vom Theatralischen."

So muß der Redner in seine Schranken verwiesen werden, wenn er auf stimmliche Bühneneffekte ausgeht.

9. Das Gedächtnis des Redners

In unserer Schulzeit spielte das Auswendiglernen eine wesentliche Rolle. Statt das unverbrauchte Gedächtnis der Schüler so zu pflegen, daß es möglichst lange erhalten bleibt, wurde es mechanisch beansprucht, wurde überhaupt viel zu viel auswendig und zu wenig inwendig gelernt, wodurch eine Überforderung des Gedächtnisses entstand, die viele Persönlichkeiten bedauert haben, unter ihnen A. Forel, K. A. v. Müller, K. S. Stanislawski, O. Walzel und F. v. Weingartner.

Später ließen die Gedächtnisleistungen allmählich nach, was sich im Alter deutlich bemerkbar machte, auch vorzeitig durch Krieg, Entbehrungen und Überanstrengungen eintrat. Dem kann entgegengearbeitet werden durch ständig geübte Gedächtnisaufgaben, wie sie besonders der Schauspieler sein Leben lang zu erfüllen hat.

Um dem Redner, bei dem es sich nicht um das Behalten von wörtlich auswendig Gelerntem, sondern nur von Gedanken und ihrer Folge handeln sollte, Gedächtnishilfen zu ermöglichen, seien einige Ratschläge namentlich der Autoren dieses Spezialgebietes Jünemann, Müller-Freienfels, Offner und Specht wiedergegeben. Danach gibt es drei Gedächtnistypen:

1. Bei dem *visuellen* Typ ist der Gesichtssinn besonders entwickelt. Wie Dirigenten bei der Aufführung ohne Partitur die einzelnen Notenseiten mit allen Einzelheiten aus dem Gedächtnis ablesen, so sieht der Redner den Text seiner Aufzeichnungen plastisch vor sich. Hierzu eignet sich vorwiegend die Wiedergabe von bildhaften Darstellungen, wie sie die Geographie in Karten und Atlanten anwendet, auch die Statistik in Diagrammen, d. h. Schaubildern.

2. Bei dem *akustischen* Typ bietet der Stimmklang Gedächtnishilfe: Nachdem man sich den Text durch lautes Lesen eingeprägt hat, läuft er dann aus dem Wortklang heraus ab.

3. Bei dem *motorischen* Typ ist das Gedächtnis in die ausübenden Organe verlegt, wie wir es vom Fingergedächtnis der Pianisten, Geiger usw. wissen. Beim Redner ist es das Gedächtnis für die Bewegungen der Sprechwerkzeuge.

Bei Typ 1 hilft also die Erinnerung an das Bild des Gedruckten oder Geschriebenen oder Gemalten, bei Typ 2 die Erinnerung an den gesprochenen Wortklang, bei Typ 3 die Erinnerung an den motorischen Ablauf. Specht empfiehlt eine Kombination der Typen 2 und 3.

Jeder Redner möchte sich daraufhin beobachten, welchen Typ er bevorzugt, was sich schon im täglichen Leben, z. B. beim Merken von Telefonnummern, leicht feststellen läßt.

Zur weiteren Gedächtnisförderung sei das von Pfarrer Wensky angewendete Verfahren mitgeteilt: jeder hat bestimmte Dinge im Gedächtnis, deren Folge kaum jemals verwechselt oder vergessen werden kann, wie etwa die Lage der Länder Mitteleuropas zu- und nebeneinander, oder die Hauptgebäude auf dem Wege vom Bahnhof in die Stadt, z. B. 1. Hotel, 2. Bank, 3. Schule, 4. Kino, 5. Rathaus, 6. Kirche usw. Jedes dieser Gebäude verbindet der Redner mit einem seiner Stichworte oder Redeteile, er braucht nur im Geiste den Weg abzulaufen, um sich an diese zu erinnern. Für sein Skelett an Stichworten hat er nun ein geistiges Rückgrat.

Voraussetzung für Gedächtnis ist *Konzentration*, die zweifellos den meisten Menschen fehlt; denn durch viel zu viel Ablenkung entsteht Zerstreutheit, das Gegenteil von Konzentration.

II. Ausführungen

10. Das Äußere des Redners

Das Äußere des Redners ist keineswegs von untergeordneter Bedeutung, sondern redetechnisch und psychologisch von Wichtigkeit. Es beginnt mit der Kleidung, auf die schon bei den antiken Rednern Wert gelegt wurde: ihre Toga mußte einen bestimmten Faltenwurf aufweisen. — Der früher unvermeidliche Cutaway dient heute nicht mehr als Redner-Requisit, ist aber für den Präsidenten und die Vizepräsidenten des Deutschen Bundestages vorgeschrieben.

Die *Kleidung* des Redners soll nach keiner Richtung hin auffallend sein, jedoch etwas sorgfältiger als die der Hörer, die von der Arbeit kommen, während der Redner bei seiner Arbeit vor die Öffentlichkeit tritt. Dazu gehört, äußerlich möglichst als ein erfolgreich im Leben stehender Mensch aufzutreten; das gibt dem Redner Ansehen, ja rhetorischen Kredit. Die Zuhörer achten merkwürdigerweise auf Äußerlichkeiten, so daß ein Fehler am Anzug, z. B. ein Fleck, oft mehr beachtet wird als der schönste Aufbau einer Rede. Deshalb überprüfe der Redner vor Beginn sein Aussehen. Das Äußere überträgt sich auf die geistige Haltung und den Redestil: im Frack wird man sich gewählter ausdrücken als in Hemdsärmeln.

Wer in *Dienstkleidung* spricht, ist als Vertreter einer bestimmten Berufskategorie gekennzeichnet, seine Rede erhält dadurch größeres Gewicht, denn es stehen unsichtbar hinter ihm alle die vielen Menschen, die mit ihm uni formis, d. h. der gleichen Art, sind. Hat der sonst Uniform Tragende Zivil für seine Rede gewählt, so entfällt dieses Moment.

Die Beobachtung des äußeren Verhaltens zeigt die Schwierigkeit: wohin mit den *Händen?* Schon auf Abbildungen in Zeitschriften sehen wir den Ausweg, Hände in Taschen zu stecken oder sich an etwas festzuhalten. Der Redner braucht aber eine Hand, um damit seine Notizzettel zu bedienen, die andere, um Bewegungen zu machen. Gesten sollen das Gesagte unterstützen, ja untermalen. Es müssen ganz natürliche Gebärden sein, nicht einstudierte oder Nachahmungen anderer Redner oder gar von Schauspielern. Bei der Steigerung der Rede, inhaltlich und stimmlich durchgeführt, wird auch die Gebärdensprache eindringlicher werden, hier können beide Hände zu breit ausladenden Gesten an Höhepunkten eingesetzt werden, wie wir es bei Volksrednern sehen.

Wer sehr lebhaft und temperamentvoll ist, sollte lernen, wenigstens äußerlich Ruhe zu zeigen; ein Hilfsmittel dazu bietet gelegentliches Übereinanderlegen der Hände, wie auch das Falten der Hände beim Gebet die Andacht unterstützt. Beim Zusammenlegen tritt jedenfalls eine äußere Beruhigung ein, die auf den inneren Menschen übergreifen und seine Konzentration erhöhen wird. Zum mindesten läßt sich die innere Unruhe des Redners äußerlich verdecken. Seine Erregung oder Nervosität darf nicht dazu führen, im Haar herumzuwühlen oder mit den Schlüsseln in der Hosentasche zu klappern. Viele pflegen während der ganzen Rede mit einem Bleistift zu spielen, obwohl dieser dabei nicht gebraucht wird. Auch seine Uhr soll man ruhig liegen lassen. Ist Kreide gebraucht worden, so legt man diese sofort wieder aus der Hand. Meistens wissen Redner hinterher überhaupt nicht, was sie während ihrer Rede äußerlich getan haben; sie sind deshalb auf Fehler aufmerksam zu machen.

Das gilt auch für die Benützung der *Brille*, und zwar, wenn sie zum Nachlesen in den Notizen aufgesetzt oder abgenommen wird. Öftere Wiederholung dieses Vorganges wirkt störend und ist deshalb möglichst zu vermeiden, indem die Notizen entsprechend leserlich geschrieben werden. Jedenfalls ist die Brille nicht als Spielzeug des Redners zu verwenden. Beim gelegentlichen Vorlesen von Zeitungsnotizen in Kleindruck läßt sich ein Vergrößerungsglas gebrauchen, das den Blick auf die Zuhörer nicht beeinträchtigt, übrigens auch nicht anlaufen kann, wenn der Redner in Schweiß gerät, der unauffällig zu entfernen ist.

Wie das Wort „Sprache der *Augen*“ besagt, können auch diese mitsprechen und sind ein wichtiges Hilfsmittel des Redners, um seine Hörerschaft zu beeinflussen. Deshalb darf der Blick nicht festliegen, an die Decke, zum Fenster hinaus oder auf einen toten Punkt gerichtet sein, sondern muß durch den Raum gleiten, wodurch *jeder* Zuhörer sich angesehen fühlt.

Um mit einem fremden Publikum leichter in Kontakt zu kommen, empfiehlt Hilty, in die erste Reihe Bekannte oder einen Freund zu setzen. Von hier aus gewinnt der Redner schneller Sicherheit, die ganze Zuhörerschaft anzusprechen (s. auch den Bericht von Lily Braun).

Starke Kurzsichtigkeit gilt als ein Nachteil, weil vor allem Fernsitzende nicht mit dem Blick erfaßt werden.

Wie aus den Augen soll auch aus *Mienenspiel und Gesichtsausdruck* Begeisterung und Freude an der rednerischen Betätigung sprechen. Zum mindesten wird ein freundlicher Gesichtsausdruck bei den Hörern Erwiderung finden.

Für die Blätter mit den *Aufzeichnungen* gelten folgende Verhaltungsmaßregeln: man legt diese möglichst unauffällig aufs Rednerpult, so daß die Zuhörer in deren Umfang keinen Einblick haben; denn ein kompendiöses Manuskript könnte auf sie abschreckend wirken. Das Papier darf nicht knistern, deshalb kräftigere Sorte und nur halbe Bogen wählen. Bei Beendigung einer Seite wird diese auf die leere Pultfläche *neben* das Manuskript geschoben, also ohne umzuwenden, zumal die Rückseiten möglichst unbeschrieben sein sollen. Dadurch sieht der Zuhörer kaum etwas von der Bedienung der Unterlagen. Das Ablegen der Blätter weit weg von sich neben die Pultfläche wirkt störend; im übrigen läßt man die Aufzeichnungen ruhig liegen, ohne daran nervös zu spielen.

Manche Redner sind mehr durch ihre Äußerlichkeiten aufgefallen. Pitt der Ältere soll sogar seine Krücken als Requisit beim Reden benutzt haben, er wurde wegen seines theatralischen Benehmens getadelt, gehörte doch der Schauspieler Garrick zu seinen Vorbildern. Schon Cicero hatte durch Theaterbesuche bei dem berühmten Roscius Auftreten und Äußeres studiert. Der eitle Fürst Lichnowsky, den Haym als Meister der Stegreifrede bezeichnet, wirkte mehr als ein Schauspieler auf dem Landtage; bei ihm wurde das Rednerpodium zur Bühne.

Wie ein Redner äußerlich nicht auftreten soll, zeigt die Schilderung Karl Schefflers von dem Publizisten Maximilian Harden, einem früheren Schauspieler: „Am selbstgefälligsten war Harden bei seinen Vorträgen in dicht gefüllten Riesensälen, zu denen er im Frack, eine Blume im Knopfloch, mit weißen Handschuhen und diskret geschminkt erschien, jede Bewegung, jedes Wort sichtbar abwägend. Um ihn war stets Theaterluft."

Sehr auf Wirkung war auch der Reichskanzler von Bülow bedacht, den Marie von Bunsen als weltmännischen, meisterhaften Redner rühmt, von dem aber Schwerin von Krosigk zu berichten weiß, daß er jede Rede bis ins Kleinste vor dem Spiegel vorbereitete, wobei sein Pressechef das Publikum spielen und Zwischenrufe machen mußte, auf die Bülow „schlagfertig" erwiderte.

Deshalb ist es für den Redner nicht empfehlenswert, sich bei Schauspielern bühnenmäßige Wirkungen anzueignen. Sparsame Gesten wirken als ein Zeichen von Beherrschung des Redners, auch werden die Zuhörer weniger abgelenkt. So gehört die richtige Anwendung der „Beredsamkeit des Körpers" zur rednerischen Schulung.

Erfahrungen im äußeren Verhalten von Rednern bieten W. Henkels (über Bundestag), Erich Mühsam, Poschinger III. Bd. (über Kaiser Wilhelm I.), E. Rosenberg, Russell-Vogt (über Reichstag) und W. Türk.

11. Das Rednerpult

Der Redner spricht meistens von einem ein bis drei Stufen hohen Podium aus, auf das er sich weder stürmend noch schleichend begibt. Dort findet er ein Rednerpult (Katheder) oder einen Pultaufsatz oder eine Rednerkanzel.

Eine *Rednerkanzel*, ein etwas unförmiges Gebilde, ähnlich der Kirchenkanzel, also ein Pult auf Untersatz mit Geländer, umschließt den Redner fast ganz. Eine solche meist nur stationär zu gebrauchende Rednerkanzel hat erstens den Nachteil, daß sie eine unerwünschte Schranke zwischen Redner und Zuhörern aufrichtet, zweitens aber durch ihre Kompaktheit den Redner einlädt, turnartige

Bewegungen zu machen, insbesondere auf Pultfläche und Umrandung den Oberkörper zu legen, was unzulässig ist.

Ein *Pultaufsatz,* die primitivste Form, ist auf jeden Tisch zu stellen und bequem transportabel. Meistens wird er zu niedrig konstruiert, so daß die Pultfläche in ungünstigem Winkel zum Auge des Redners steht.

Ein vorbildliches *Rednerpult,* ähnlich den Dirigentenpulten in Konzertsälen, doch stabiler, hätte folgenden Grundvoraussetzungen Rechnung zu tragen: Es sei in der Höhe verstellbar, um den verschiedenen Körpergrößen von Rednern angepaßt zu werden. Das wird erreicht entweder durch eine Kurbel oder ganz einfach durch eine Verlängerungseinrichtung: eine Stellschraube ermöglicht verschiedene Höhen. Wenn Verstellbarkeit fehlt, sollte ein praktikabler Podest vorhanden sein, den Redner von geringerer Körpergröße benutzen.

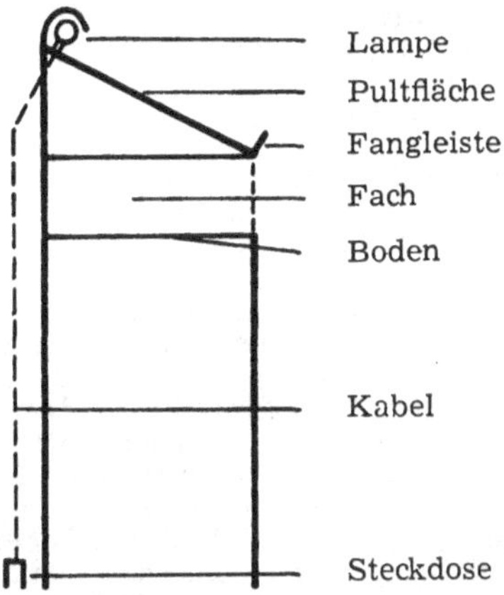

An der *Pultfläche* ist von größter Wichtigkeit die Leiste („Fangleiste"), die ein Heruntergleiten des auf der Pultfläche liegenden Materiales verhindert und damit den — nicht selten vorkommenden — komischen Anblick, daß die Aufzeichnungen dem Redner zu Füßen fallen. Die Pultfläche wird an drei den Hörern zugewandten Seiten mit einer Umrandung versehen, so daß sie dem Blick nicht zugänglich ist. Ein Fach dient zur Ablage von Aktentasche, Büchern usw.

Für die *Beleuchtung* des Rednerpultes ist vorbildlich die Einrichtung an den Notenpulten der Theaterorchester: der Lampenschein fällt nur auf die Pultfläche. Genau so ist die Rednerlampe anzubringen, abgeschirmt gegen die Zuhörer, so daß der ganze Lichtschein die Aufzeichnungen des Redners beleuchtet. Diese Lampe soll unabhängig vom Stromkreis der Saalbeleuchtung und nur von einem Schalter direkt am Rednerpult zu bedienen sein. Das Zuführungskabel geht direkt in eine Steckdose im Fußboden oder am Pultinnern.

Wird ein Rednerpult neu gebaut, so sei es nicht dem Gutdünken eines Tischlers, der selber nie eine Rede gehalten hat, überlassen, sondern ein erfahrener Redner würde vorher die Maße angeben oder ein Musterexemplar zugänglich machen. Ein Rednerpult hat möglichst vielen Wünschen zu entsprechen; fühlt man sich an einem solchen wohl, so trägt das wesentlich zum Gelingen der Rede bei.

Ist ein Rednerpult vorhanden, so soll der Redner nicht seitlich, sondern dahinter stehen und es als festen Standort benutzen, nicht als Ausgangspunkt zum Herumwandeln im Stile der alten Peripatetiker.

Ein Redner muß aber auch gewärtig sein, *kein* Rednerpult vorzufinden und in diesem Falle versuchen, einen *Ersatz* zu schaffen: ein viereckiger Papierkorb kann quergestellt ein Pult vortäuschen, ebenso der Deckel einer großen Schreibmaschine.

Ist nichts vorhanden, wird der Redner seine Aufzeichungen in eine Hand nehmen mit einer Pappe (Aktendeckel) gleicher Größe darunter als Ersatz für die fehlende Pultfläche. Wer nicht ganz frei im Raum stehen will oder kann, mag einen Stuhl mit hoher Lehne vor sich stellen, die ihm Halt bietet, wenn nötig.

Bei Reden im Freien und ohne Pult wird man für die Aufzeichnungen am besten Postkartenformat wählen und schweres Papier verwenden, damit es nicht plötzlich „vom Winde verweht" entgleitet.

Zwei Erfahrungen von Rednern sollen noch die Pultfrage illustrieren: Helen Keller bereitete „das Sprechen von einem Pult aus eine der sonderbarsten Erfahrungen. Ich kam mir so *abgetrennt* vor und schien wie über eine Mauer zu sprechen."

Churchill wies auf den Unterschied hin, als *Minister* die Notizen auf den traditionellen Aktenstand zu legen und dabei den Eindruck zu erwecken, als spräche er frei, dagegen als *Abgeordneter* die Notizen in der Hand zu halten.

Am Rednerpult wird auch ein *Mikrofon* angebracht sein, das mehrfachen Zwecken dienen kann: zur Verstärkung im Raum, zur Übertragung in andere Räume, zur Aufnahme für das Rundfunkarchiv oder zur Sendung im Rundfunk. Das Mikrofon verlangt vom Redner, einen gleichbleibenden Abstand einzuhalten; deshalb verbietet sich jedes Umherlaufen von selbst. Zum Zwecke der Gewöhnung ans Mikrofon und bei der Überwindung von Mikrofonangst dienen auch Bandaufnahmen bei der Rednerschulung.

Der Redner darf sich nicht auf das Mikrofon verlassen und auf ein solches rechnen, es könnte auch einmal fehlen oder nicht funktionieren.

Lautsprecher können allerdings auch empfindlich stören, wie z. B. die Erfahrungen Paul Schmidts auf der Londoner Konferenz 1933 zeigen: „Mehr als ein Redner verwünschte die an den Pfeilern aufgehängten Lautsprecher, denn sie brachten ein metallenes *Echo* in die schönsten rhetorischen Stellen hinein, das jede rednerische Wirkung zerstörte."

Eine solche offenbar falsch installierte Lautsprecheranlage sollte allerdings konsequenterweise abgeschaltet werden.

12. Vortrag und Modulation der Stimme

„Allein der Vortrag macht des Redners Glück." Dieses Wort des Famulus im „Faust" besagt, daß erst durch den guten Vortrag eine Rede wirkungsvoll wird. Wir setzen hierzu voraus, daß die stimmlichen Erfordernisse des Kapitels 8 geprüft oder erreicht worden sind. Danach dürfte es dem Redner nicht schwerfallen, einen *Normalton* aufzufinden, den Grundton eines jeden Menschen, der seiner Natur am bequemsten liegt und ohne falsche Muskelanspannungen entsteht. Das darf nicht mit Kraftlosigkeit verwechselt werden! Im Gegenteil: Der Redner wird über große stimmliche Kraftreserven verfügen müssen, um von ihnen im Bedarfsfalle Gebrauch zu machen.

Diese Kraftreserve steht ihm fast unbegrenzt zur Verfügung, wenn er den *Brusston* besitzt, der dadurch zustande kommt, daß die Stimmkräfte unterhalb der Kehle, also in der Brust, mobilisiert werden und dem Ton das Fundament geben. Diesen in den Brustkräften verankerten Ton zu haben, ist das eigentliche Geheimnis der Stimme, auch der Rednerstimme. Treitschke sagt von diesem Brustton, daß er erst die Überzeugung des Redners ausdrückt, also seiner Rede Nachdruck verleiht. Das ist sowohl im wörtlichen wie im übertragenen Sinne zu verstehen.

Wie soll nun der Redner seine Stimme im Laufe einer Rede einsetzen? Zunächst wird er die Anrede, deren Gestaltung das Kapitel 6 zeigte, energisch und betont herausbringen. Die Zuhörer sollen dabei sofort den Eindruck haben: Stimme hat der Redner jedenfalls! Wenn bei den einleitenden Worten des Redners noch Unruhe durch Kommen und Platznehmen herrscht, muß sie übertönt werden.

Ist während der Einleitung Ruhe eingetreten, auch die Erregung des Redners gewichen, geht er auf einen in der Mittellage liegenden Ton. Im Verlaufe der Rede wird er bei einzelnen Sätzen oder auch nur Worten die Stimme erheben und bei einer Steigerung zu größerer Höhe und Tonstärke gelangen. Tonmodulation bringt aber auch Gefahren mit sich:

Der Redner hat schon zu hoch begonnen, kommt sehr schnell an die Höhengrenze und bleibt dort hängen, findet auf den Normalton nicht wieder zurück. Dadurch sind aber weitere Steigerungsmöglichkeiten verbaut, seine Modulation ist also mißbraucht worden.

Anders dagegen der Redner, der vom Normalton aus startet und im wesentlichen in der Nähe der Mittellage bleibt. Er kann nun gegebenenfalls auch einmal bis zur Höhengrenze gehen, wird aber immer wieder zum Normalton zurückfinden.

Man muß bedenken, daß bei dem Naturzustand der Rednerstimme Höhe identisch ist mit Stärke, Tiefe dagegen mit schwächerer Tongebung. In der Kunst allerdings wird verlangt, daß der Schauspieler oder Sänger auch in der Höhe zu zarter Tongebung fähig ist, dagegen in der Tiefe noch eine gewisse Stärke aufweist. Bei der ungeschulten Rednerstimme ist Tonhöhe mit Stärkegrad gekoppelt, so daß der zu hoch Sprechende meist auch zu laut wird.

Ziehen wir noch einmal in quantitativer Hinsicht die Grenzen der Modulation, so liegt auf der einen Seite die nur an einen Partner gerichtete Umgangssprache. Auf der anderen Seite ist die Modulationsmöglichkeit des Schauspielers die Grenze, dem in der stilisierten Welt der Bühne alle stimmlich möglichen Wirkungen zur Verfügung stehen. Schematisch noch einmal verdeutlicht:

Grenze:		Grenze:
Stimme in Gespräch und Unterhaltung	←Rednerstimme→	Stimme des Schauspielers auf der Bühne

Nach einer Steigerung wieder auf die Mittellage zurückzugehen, scheint besonders schwierig zu sein, wie viele schreiende und dadurch heiser gewordene Redner namentlich in den Zeiten der Wahlkämpfe zeigen. Der Anblick einer großen Zuhörerschaft, in der sich auch Gegner befinden, die gewonnen und überzeugt werden sollen, verführt zu übertriebener Lautstärke. Bismarck sagte einmal: „Ich hebe absichtlich auch die Stimme etwas, weil ich fand, daß es bei dem Herrn Vorredner immer einen günstigen Eindruck auf Sie machte, wenn er lauter sprach (Heiterkeit). Durch das Lautersprechen wird aber eine Sache nicht wahrer, als sie an sich ist."

Wem viel Stimme zur Verfügung steht, wird mit ihr *ökonomisch umzugehen* lernen müssen.

Von der Wirkung des *Leiserwerdens* durch Unterschreiten der mittleren Tonstärke bis fast zum Flüstern sollte gelegentlich Gebrauch gemacht werden. Hierbei kann der bekannte Augenblick eintreten, von dem man zu sagen pflegt: „atemlose Stille herrschte" oder „eine Stecknadel hätte man zu Boden fallen hören". Freilich soll der Redner bei diesem Kunstmittel nicht zu lange verweilen, sondern rechtzeitig auf den Normalton zurückkehren.

Bei Einschaltungen wie etwa: „. . ., was ich von Ihnen hoffe, . ." wird die Stimme gesenkt und die Sprache etwas schneller.

Das *Redetempo* hängt von dem persönlichen Temperament des Redners ab: der Choleriker fühlt sich mehr getrieben als der Phlegmatiker. Zu *schnelles* Sprechen, wodurch Undeutlichkeit entsteht, ist auch darauf zurückzuführen, daß der Redner zuviel Material mitgebracht hat, das er unbedingt in der ihm zur Verfügung stehenden Zeit durchjagen will. Ein falscher Ehrgeiz!

Auffallend *langsames* Sprechen kann Folge physischer Behinderung sein wie beim Grafen v. Roon, der laut Angabe seines Sohnes an einem chronischen Halsleiden gelitten haben soll.

Um der Rede Ruhepunkte zu geben und die Übersicht des Stoffes zu erleichtern, wird der Redner von *Pausen* Gebrauch machen. Sie sind anzuwenden auch aus Gründen der Atmung.

Befindet sich der Körper in Ruhestellung, so funktioniert die Atmung unwillkürlich, unabhängig von unserem Willen, Einatmung und Ausatmung sind gleich lang. Beim Sprechen und noch mehr beim Singen dient die Atmung als *Triebkraft* der Stimme und wird dabei willensmäßig gelenkt. Da oft wenig oder kaum Atempausen zur Verfügung stehen, muß die Einatmung kurz, die Verwendung der Ausatmungsluft möglichst lang sein. Die Beherrschung dieser Vorgänge nennen wir *Atemtechnik*. Man wird den Atem weder verschwenden noch zurückhalten, sondern ihn verteilen lernen auf Sätze oder Satzteile. Finden wir den Redner „außer Atem", so hat er sich für die Atmung keine Zeit gegönnt. An geeigneter Stelle darf er eine kleine Atempause einschieben, um wieder zu fließendem Atemstrom zu kommen. Eine kurze Atempause dient auch der Entspannung: Wie wir wissen, stehen Atemtechnik und Geistestätigkeit in enger Wechselwirkung. Falsche Atemführung hindert die ruhige Geistesarbeit.

Kurze Atempausen bieten zugleich kleine Cäsuren und Ruhepunkte im Redeverlauf zur Erleichterung von Verständnis und Übersicht. Niemals aber dürfen solche Pausen benützt werden zum *Weitertönen* der Stimme auf oe, ae, öm, äm, em. Meinecke erzählt von dem Bonner Universitätsprofessor Moritz Ritter, der seinen Vortrag häufig durch ein ächzendes Aeh unterbrach, wobei einmal ein Zuhörer entrüstet aufgestanden sein und gerufen haben soll: Wer stört hier denn immer den Vortrag? Solche Hörerproteste dürften wünschenswert und förderlich sein, weil die Redner meistens von ihrer Unmanier nichts wissen; diese ihnen abzugewöhnen gehört mit zu den elementarsten Dingen allgemeiner Rednerschulung.

Der zweitschlimmste Fehler im Vortrag ist das *abgehackte*, gestoßene Sprechen. In der Musik gibt es ein Mittel, im Notenbilde deutlich zu machen, was zusammengehört und nicht getrennt werden darf, nämlich den Bindebogen:  Der Sänger weiß sofort, daß er in diese drei Noten nicht hineinatmen darf. Leider gibt es kein ähnliches Mittel, dem Redner das Binden der Worte, ein Legato, anzugeben. Es ist die Voraussetzung für fließenden Vortrag.

Wichtig ist auch die richtige *Betonung*. Es gibt *Worte*, deren Sinn sich nur dadurch grundlegend verändert, ob die Hauptsilbe oder die Nebensilbe betont wird, und *Sätze*, deren Sinn durch Hervorhebung eines Wortes deutlich wird. In der Schule waren wir gefragt worden, welches Wort in dem berühmten Satz „Durch diese hohle Gasse muß er kommen" zu betonen ist. Es stellte sich dabei heraus, daß hier wohl jedes Wort betont werden kann, je nachdem, auf welches der größere Wert gelegt und welcher Sinn zum Ausdruck gebracht werden soll. Im Theater erlebten wir, daß der Schauspieler überhaupt kein Wort betonte, denn Tell kommt ziemlich atemlos herein. Neben der logischen Betonung gibt es also noch die gefühlsmäßige, und auch Betonungslosigkeit charakterisiert eine Aussage.

Schließlich darf die Gepflogenheit mancher Redner empfohlen werden, sich Zettel auf ihr Rednerpult zu legen mit etwa folgenden Mahnungen: „Langsam sprechen! Tiefatmen! Deutlich! Zuhörer ansehen! Brille hinlegen! Normalton aufsuchen!" Wer seine eigenen Fehler erkannt hat, oder darauf aufmerksam gemacht worden ist, dem sollte ihre Abstellung und Besserung eigentlich nicht schwer fallen.

Stimme und Vortrag müssen unbeeinflußt bleiben von unserer Stimmung; auch wenn wir vorher einen Ärger, eine Aufregung gehabt haben, darf der Rede nichts anzumerken sein. Leider legt sich die Erregung gerade auf die Stimme, die mit belegtem Klang und Trockenheit reagiert. Eine richtig durchgebildete Stimme bleibt davor bewahrt.

13. Berufsrhetorik

Dieses Kapitel, in welchem nicht alle Berufe vertreten sein können, zumal sich Analogien ergeben, soll die große Anwendungsbreite der Rhetorik gerade auch in Berufen zeigen, die wenig oder keine Redeaufgaben zu stellen *scheinen.* Es gibt keinen Beruf, der, ob im Angestelltenverhältnis oder von Freischaffenden ausgeübt, nicht Anlässe zum Redenhalten böte. Auch finden sich im außerberuflichen Leben überall Gelegenheiten, als Redner aufzutreten.

Wie sich berufliches und privates Redenhalten ergänzt und das Bild des Redners abrundet, zeigt das schöne Beispiel des Verlegers G. J. Göschen, der in seiner Leipziger Druckerei gelegentlich kleine Reden an seine Arbeiter und Vorträge in einem geselligen Verein im Ratskeller Grimma hielt, wobei er religiöse und philosophische Fragen behandelte, u. a. einmal das Thema: „Wie können wir am besten unsere letzten Lebenstage erheitern?"

a) Monarchen

Auch Könige haben als Redner ihre Sorgen; das bezeugen u. a. die Memoiren des Herzogs von Windsor.

Wohl fast alle Monarchen lasen und lesen ihre von der Regierung aufgesetzten oder gebilligten Thronreden, Toaste usw. ab, was gewiß eintönig wirkt, aber eine der Sache dienliche Wirkung, vor allem druckreife Manuskripte für die Verbreitung ergibt.

Nur Kaiser Wilhelm II. erlaubte sich absolute und sonst nirgends geübte Redefreiheit unter Mißbrauch seines ungebändigten rhetorischen Talentes. Improvisationsgabe, Begeisterung und Temperament führten, mangels vorbereiteter Ausarbeitungen, zu Reden, deren Text unmöglich an die Presse gelangen konnte. Reichskanzler von Bülow gibt Einblick in seine undankbare Aufgabe, durch Abschwächen und Streichen eine veröffentlichungsmögliche Formulierung zu erkämpfen, dies besonders in Peterhof und Budapest 1897 sowie in der Marienburg 1902. Nach der Rede in Bremerhaven, einer der berühmtesten und zugleich berüchtigsten Kaiserreden, ergingen am gleichen Tage, dem 27. Juli 1900, zwei voneinander auffallend abweichende Versionen an das Wolffsche Telegraphenbüro, wobei in der zweiten Fassung teilweise indirekte Rede verschleiernd wirkt und der inkriminierte Passus („Pardon wird nicht gegeben") gestrichen war.

Die Folgen beschreibt Staatssekretär von Rheinbaben: „Fast regelmäßig hagelte es dann in der antimonarchischen Presse von Indiskretionen, die glaubhaft zu machen suchten, daß der Kaiser in Wahrheit etwas anderes, und zwar etwas sehr zu Kritisierendes, gesagt habe. So wurde eigentlich jede Kaiserrede zum Streitobjekt der Zeitungen".

Für ein — bisher noch fehlendes — objektives Bild des kaiserlichen Redners sind Imponderabilien äußerer und interner Natur in Betracht zu ziehen:

Erstens herrschte in der Monarchie eine, frei nach Heinrich Mann als „Untertanen-Redestil" zu bezeichnende Rhetorik, so daß der Kaiser ständig von Oberbürgermeistern und Generälen in einer hymnisch-verherrlichenden Tonart gefeiert wurde; eine solche actio rhetorica mußte zwangsläufig eine entsprechende reactio hervorrufen.

Zweitens darf manches im Tun und Reden des zweifellos neurasthenischen Monarchen als Abreagieren von Komplexen gelten, entstanden u. a. durch das körperliche Gebrechen am linken Arm.

Drittens hat der Staatsrechtler Helfritz 1954 die Meinung ausgesprochen, daß „das äußere Verhalten in Glanz und Pose, ja in der Form der feierlichen Rede, gar nicht seinem innersten Wesen entsprach", wobei er sich auf die Äußerung eines Kaisersohnes stützt, der Kaiser habe sich, um nicht „weich" zu werden oder zu erscheinen, manchmal zu einer ihm wesensfremden gewissen „schneidigen Schärfe" gezwungen. Schon Schmidt-Pauli spricht von einer angeborenen Verlegenheit, Rathenau von Weichheit, Schüßler (1952) von einem im tiefsten Grade ängstlichen Menschen.

Da aber nicht psychologische Hintergründe, sondern Eindruck und Auswirkung einer Rede entscheidend sind, ergibt sich die Forderung:

Entsprechend Rangstufe und Position eines Redners sind vorherige Absprachen mit Ratgebern und eine verbindliche Fixierung des Wortlautes einer in die Weltöffentlichkeit dringenden Rede notwendig, schon um den Gegnern möglichst geringe Angriffsflächen zu bieten.

Weil das unser Kaiser versäumte, entstanden seine viel zu impulsiven, unvorsichtigen, hochtrabenden, oft unüberlegten, herausfordernden Reden. Sein Talent mußte in richtige Bahnen gelenkt, sein Drang zu äußerst dynamischer Rhetorik eingedämmt werden. Paradoxerweise widmete der kaiserliche Reiseredner seinen Sonntagspredigten auf Seefahrten sehr sorgfältige Vorbereitung und fundierte Überlegung, wie wir durch Oberdomprediger Doehring wissen.

b) Politiker

Die Aufgaben des Parlamentsredners hat wohl am treffendsten Hermann Wagener charakterisiert: „Ich habe es mir zum Grundsatz gemacht, in jeder Session, bevor ich überhaupt das Wort ergriff, Physiognomie und Temperatur des Hauses zu *studieren*, was ich allen Parlamentariern dringend raten möchte. Man muß in jeder Session *in einer anderen Tonart* sprechen, wenn man überhaupt Eindruck machen will. Dabei habe ich es stets vermieden, zu oft und zu lange zu sprechen; man kann es den Gesichtern im Hause genau *ansehen*, wann es genug ist, und was man darüber hinaus liefert, ist nicht allein verlorene Mühe, sondern macht die Zuhörer verdrießlich."

Von den Rednern der *Frankfurter Nationalversammlung* 1848/49 hat Mollat Charakteristiken gebracht, die den 2. Teil seines durch Abdruck der Reden kompendiösen Bandes bilden. Sie verdienen, für rhetorische Zwecke herangezogen zu werden und als Vorbild für ähnliche *Rednerporträts* zu dienen, die wir auf allen Gebieten der Rede noch wünschen und brauchen. U. a. heißt es beispielsweise von

Arndt: gewann die Aufmerksamkeit durch kräftige Stimme, fließendes Wort und warmen Vortrag.

Blum: mehr zum Volks- als zum parlamentarischen Redner befähigt.

Jacob Grimm: redete nur, er suchte nicht zu überreden.

Fürst Lichnowsky: Meister des Impromptu, der Held der Tribüne.

Uhland: mit herber, schwäbisch accentuierter Stimme, langsam, in kleinen Pausen, aber sicher klimmt ein Satz nach dem anderen hervor.

Bismarcks Mängel in Form und Vortrag, bereits oben charakterisiert, wurden durch die Macht seiner Persönlichkeit ausgeglichen. Er, der sich zeitlebens über andere Redner lustig machte, trat nicht, worauf Dovifat aufmerksam gemacht hat, vor das ganze Volk, sondern überließ das den Parteien. Er hatte etwas zu sagen wie einer, der Macht über Menschen hat, ohne ein Cicero zu sein, schreibt Naumann über den ersten Reichskanzler.

Zu den bekanntesten Rededuellanten Bismarcks, teilweise auch noch Bülows, zählen Bebel, Eugen Richter und Windthorst.

Sein erster Mißerfolg hatte Bebel nicht gehindert, sich zu einem mitreißenden, vernichtenden Redner zu entwickeln, den auch der einfache Mann verstand. Naumann zeigte seine Grenzen auf, wenn er von ihm sagt: „Sobald er lehrhaft werden wollte, wurde er alltäglich. Aber wenn der Geist über ihn kam, dann war es ein Naturereignis. Das war Strom, mehr Strom als Gedanke, hinreißender Strom.“

Den Reden Eugen Richters, der mit einer „zu schönen“ Jungfernrede debutiert hatte, zollte Bismarck an sich hohe Anerkennung („war wohl der beste Redner, den wir hatten“), doch soll er geäußert haben: „Ich verlasse die Sitzung, sobald Herr Richter das Wort ergreift, nicht, weil ich mir nicht zutraue, seine Rede zu beantworten, sondern weil der oppositionelle Duft, welcher die ganze Person umgibt, meine Nerven affiziert, und weil er Satisfaktion für eine Grobheit nur durch ein gesteigertes Schimpfen zu geben pflegt. Was er sagt, ist mir übrigens Wurst im Superlativ, bekehren werde ich ihn nicht, und besiegen wird er mich nicht, und so ist es am besten, wenn wir uns gegenseitig von weitem bewundern“. (Röttger nach Poschinger I. Bd.)

Reichskanzler von Bülow nannte seinen rhetorischen Rivalen Eugen Richter den „Geist, der oft verneint, aber schließlich überstimmt wird; mild, beinahe sanft fängt er an, aber das dicke Ende kommt gewöhnlich nach“.

„Windthorst, der sich wegen seiner schlechten Augen keinerlei schriftliche Notizen machen konnte, war der größte Meister in der Kunst, eine Menge von Punkten in einem Fluß abzufertigen. Er konnte, wenn er erst gegen Ende einer Debatte das Wort nahm, alle darin vorgebrachten Hauptargumente der Reihe nach abwikkeln, ohne die geringste Nachhilfe“. So beginnt Bamberger, selbst äußerst versierter Palamentarier, ein Rednerporträt Windthorsts.

Mit besserer Bildung fundiert als Bebel hat Hofprediger Stöcker — nach der Schilderung Damaschkes — verwöhnte Menschen der Großstadt nach wenigen Minuten so in seinen Bann gezogen, daß ihnen die Tränen in die Augen traten oder sie ihm in ausgelassener Fröhlichkeit zujubelten. Gegen die Angriffe der Gegner besaß er eine Rhinozeros-Haut, nach dem Ausspruch des Reichskanzlers von Bülow.

Die rednerische Beurteilung Bülows, dieses geschmeidigen Schmeichlers, schwankt ebenso wie sein Charakterbild, das noch 1956 eine kritische Untersuchung erfuhr. Als dem großen Charmeur, wie ihn sein Freund Eulenburg apostrophierte, „leichter Konversationston und pastoraler Anstrich" seiner Reden vorgeworfen worden war, reagierte er im Reichstag vom 21. Oktober 1902 mit Selbstironie: „Dem einen erscheine ich als frivoler Kauseur, dem anderen als lederner Nachmittagsprediger. So gehen die Meinungen auseinander, und so blind urteilt der Parteigeist".

Zu einer Würdigung der Rednerpersönlichkeit Friedrich Naumanns ziehen wir die grundlegende Biographie von Theodor Heuss und einige Ausführungen von Ludwig Curtius heran. Danach war die Architektur seiner Gliederung vollendet, gestaltet ohne Krampf und mit natürlicher Unbefangenheit. Er schrieb und sprach eine Prosa wie keiner seiner Zeitgenossen. Seine anschaulich und übersichtlich, langsam vorgetragenen Gedanken wurden wirkungsvoll gesteigert. Naumann wünschte nicht Rührung, sondern verstandesmäßige Überzeugung. Sein Kunstmittel war, einem fertigen Satz ein „und" anzuhängen, um dann nach einer kleinen Gedankenpause plötzlich einen neuen Trumpf auszuspielen.

Der erste Weltkrieg wurde vor allem durch die *Kriegsreden* von Clemenceau, Briand und Lloyd George beeinflußt. Deutschland konnte Politiker von gleichem rednerischem Format nicht aufweisen. Die Reichskanzler vermochten durch Reden nichts zu bessern. Man muß einmal bei Michaelis nachlesen, warum seine Antrittsrede als Reichskanzler im Reichstag Juli 1917 ein schlechter Start wurde.

Erst nach dem Kriege hatten wir in Stresemann ein seltenes Rednertalent, das durch Prinz zu Löwenstein jüngste biographische Würdigung gefunden hat. Leider waren unsere Diplomaten des öffentlichen Redens ungewohnt, wie E. von Weizsäcker besonders in Genf beobachtete. Die besten Redner wurden von den *Parteien* herausgestellt. Welcher Mißbrauch mit demagogischen Reden getrieben werden kann, haben wir in der Nazizeit erlebt.

Durch Provokationen von Abgeordneten der extremen Parteien war die Reichstags-Rhetorik allmählich turbulent geworden. Den parlamentarischen Neulingen mutig entgegenzutreten, bedurfte es überlegener Gelassenheit, wie sie der Abgeordnete der Deutschen Staatspartei Dr. Theodar Heuss besaß. Das bewies er bei dem Thema „Immunität und Presse" in einem Reichstags-Rededuell mit Abg. Dr. Ley am 9. Februar 1931, wobei allerdings sein Duellpartner nur als hartnäckiger Zwischenrufer fungierte, mit folgendem Höhepunkt (laut stenogr. Bericht):

„Dr. Heuss (DSt), Abgeordneter: Verehrte Anwesende! Da ich bislang nur wegen Pressevergehens und nicht wegen Rohheitsdeliktes vorbestraft bin, will ich es in so später Stunde kurz machen und nur zwei Gedankengänge vortragen, die noch nicht an die Reihe gekommen sind. Der eine bezieht sich auf die Ideologie der nationalsozialistischen Partei, Ideologie, soweit eine solche vorhanden und bei ihr selber strittig ist. Erlauben Sie mir, daran zu erinnern — im Ausschuß haben wir schon davon gesprochen —, daß vor jetzt etwa sieben Jahren das erste grundsätzliche Buch der nationalsozialistischen Bewegung erschien, das Herr Gottfried Feder geschrieben hat: „Der deutsche Staat auf nationaler und sozialer Grundlage". Ich weiß nicht, wieweit Herr Feder im Augenblick noch für eine offiziöse Kundgebung in Anspruch genommen werden darf. Aber eine Zeitlang war es doch so: Hitler ist Hitler, und Gottfried Feder ist sein Prophet!

Jenes Buch enthält zwei entzückende Seiten, die davon sprechen, daß, wenn die Nationalsozialisten den Weg ins Parlament und über das Parlament zur Macht zurückgelegt haben würden, es dann ihre erste Aufgabe sein würde, die *Institution der Immunität* grundsätzlich zu beseitigen. Herr Gottfried Feder ist nicht verpflichtet, Rechtsgeschichte zu kennen.

(Zurufe von den Nationalsozialisten)

Infolgedessen hat er einen sehr grotesken Irrtum begangen und gesagt, dieses Parlament habe den Begriff der Immunität sehr charakteristischerweise aus der Medizin bezogen, um sich gegen Infektion nun gesichert zu wissen.

(Zurufe von den Nationalsozialisten: Das ist ja dasselbe, was Sie im Geschäftsordnungsausschuß gesagt haben!)

— Gewiß, das habe ich dort auch gesagt. Ich werde auch noch auf anderes zurückkommen. — Dort hat Herr Gottfried Feder dargelegt, daß die Immunität die mächtigste Institution des Parlaments sei, eine Art Mauer der Feigheit, die dieses Parlament um sich herum errichte und die niedergerissen werden müsse. Von dieser Seite her also sind die Nationalsozialisten in der gräßlichsten Verlegenheit, wollen sie ehrlich nach ihrer Ideologie handeln, wie sie sich mit diesem Immunitätsproblem abfinden sollen.

Als ich das oben im Ausschuß mitteilte, antwortete Herr Stöhr: Ja, das sei gedacht für die Situation, da die Nationalsozialisten über dieses Parlament hinweg ihren Staat eingerichtet hätten. Es ist uns erzählt worden, daß das eigentümliche Wesen des nationalsozialistischen Ethos in der Verantwortung bestehe. Meine Herren, was Sie betreiben, ist ein Moratorium der Verantwortung sich selber auszustellen.

(Sehr richtig! in der Mitte)

und wir sind nicht gewillt, Ihnen bei diesem selbst ausgestellten Moratorium, das gegen ihre eigenen Grundsätze verstößt, wenn sie ideenmäßig stark durchgehalten würden, zu folgen.

(Lebhafte Zurufe von den Nationalsozialisten.)

Was ich weiter auseinandersetzen will, geht von der Presse aus. Wir haben hier gewiß als Abgeordnete zu handeln, aber ich spreche hier auch als langjähriger Redakteur, als Zeitungsmann, der wegen „Pressevergehens“ schon manchmal vor Gericht stand und wiederholt verurteilt worden ist.

(Zuruf von den Nationalsozialisten: Doch nicht § 51?)

— Ach, auf solche Dummheit braucht man wohl nicht

einzugehen — So etwas gehört, wenn man schon einmal Redakteur ist, zu den Betriebsunfällen, zu dem Geschäft, das man mit übernimmt.

(Andauernde lebhafte Zurufe des Abgeordneten Schneller — Glocke des Präsidenten)

Präsident Löbe: Herr Abgeordneter Schneller, ich rufe Sie zur Ordnung.

Dr. Heuss (DSt), Abgeordneter: Wogegen ich mich in dieser Situation wende, ist dies: daß das *Parlaments-Mandat tatsächlich zu einer Flucht aus der Verantwortung* geworden ist,

(sehr richtig! in der Mitte und bei den Sozialdemokraten)

daß hier eine völlige Umdrehung des historischen Gedankens der Immunität eingetreten ist, des Schutzes vor einer von außen eintretenden Obrigkeit, ein glatter Mißbrauch, der für die Presse und ihr eigentümliches Wesen zu einem unerträglichen Zustand führt.

(Abgeordneter Dr. Ley: Wer hat denn das gemacht? Das habt Ihr doch gemacht!)

— Verzeihung, wir haben nichts Derartiges gemacht,

(erneuter Zuruf des Abgeordneten Dr. Ley)

sondern Leute Ihres Schlages, die in ihrem Leben niemals Journalist gewesen sind, haben uns bei den verschiedensten Gelegenheiten vor diese Situation gestellt, die das Presserecht verhöhnt.

(Zuruf des Abgeordneten Dr. Ley — Glocke des Präsidenten)

Präsident Löbe: Herr Abgeordneter Dr. Ley, ich rufe Sie zur Ordnung! Herr Dr. Heuss hat das Wort und nicht Sie.

Dr. Heuss (DSt), Abgeordneter: Ich meine also: ein Wort muß auch gesprochen werden vom Standpunkt der Presse aus, weil es für die Presse auf die Dauer schlechthin unmöglich wird, daß wir zweierlei Rechtsstand für den verantwortlichen Redakteur haben.

(Sehr wahr! in der Mitte)

Ich würde es begrüßt haben, wenn bei der Schaffung der Verfassung von vornherein die *Immunität für Pressevergehen verfassungsrechtlich aufgehoben* worden wäre.

(Abgeordneter Dr. Ley: Das sagt ihr jetzt!)

— Das ist schon immer meine Auffassung gewesen. Wir haben den Stand der Dinge, der heute rechtlich hier eingeführt werden soll, auch in Österreich, wir haben ihn in Ungarn, in Lettland, Estland und einer Reihe anderer Staaten.

(Zurufe von den Nationalsozialisten)

— Diese Staaten sahen sich wie wir vor den presserechtlichen Mißbrauchsmöglichkeiten durch den Parlamentarier.

Eine Schlußbemerkung: Es wäre verlockend, die Debatte des Spätabends noch einmal aufzunehmen und etwas zu sagen von dem Problem des *Parlamentarismus und der Demokratie*, etwas davon zu reden, wie in der Rede des Herrn Dr. Frank II das „Wie sich der kleine Moritz die Demokratie vorstellt" durchgedrungen ist.

(Abgeordneter Dr. Ley: Der kleine Moritz sind Sie aber!)

Der Parlamentarismus und die Demokratie setzen zum Funktionieren eine gewisse Fairneß voraus, eine gewisse durchgehende, menschliche Anständigkeit im Verhältnis derer, die miteinander und gegeneinander handeln.

(Lachen bei den Nationalsozialisten)

— Sie lachen darüber, weil die Voraussetzung dieser aller politischen Arbeit von Ihnen nicht anerkannt wird.

(Sehr wahr! in der Mitte)

Dann aber, indem Sie diese Anerkennung versagen, treiben Sie das Doppelspiel, einmal sentimental zu weinen über die Demokratie, die Ihnen Böses tut, indem sie ihrer Machtpflicht als Staat genügt,

(Lachen bei den Nationalsozialisten)

das andere Mal einen privaten Zynismus zu pflegen, es sei Ihr gutes Recht, daß Sie die Institution der Demokratie ohne Gegenwehr durch Unfug und Mißbrauch ruinieren.

Die Voraussetzung für die Arbeit hier in diesem Hause ist ja nun einfach die Anwendung einer gemeinsamen Sprache und das Schlimme der Lage, daß Sie mit Ihrer Sprache diese Gemeinsamkeit draußen und drinnen bewußt verderben. — Aber davon haben wir im Augenblick nicht zu handeln, sondern wir haben einfach zu sagen: wir wären unverantwortlich gegenüber Würde und Aufgabe des Parlaments, wenn wir nicht die Konsequenzen der Notwehr, in die wir durch Ihr Verhalten gezwungen sind, bis zum letzten ziehen würden.

(Beifall in der Mitte)".

Zum Vergleich der Parlamentsstile in London und Bonn diene eine Gegenüberstellung auf Grund von Paul Schmidts Angaben, wobei zu berücksichtigen ist, daß es in England schon von 1688 bis 1832 ein „goldenes Zeitalter" der Beredsamkeit (Oratory) gegeben hat (Gauger):

Unterhaus: Klubatmosphäre.
Regierung nicht herausgehoben.
Gedämpfte Debatte vom Platz aus in *freier Rede,* ohne Pathos.
Mikrofone im ganzen Raum, so daß auch Zwischenrufe zu hören sind.

Bundestag: hierarchische Sitzordnung.
Regierung besonders placiert.
Große Rhetorik, vielfach mit *ausgearbeitetem Manuskript.*
Redner auch akustisch hervorgehoben, für Zwischenfragen neuerdings Mikrofone.

Mancher Abgeordnete ergreift im Plenum überhaupt niemals das Wort, dafür aber in den nicht öffentlichen Sitzungen der Ausschüsse, deren Mitgliederzahl im Bundestag 17 bis 29 beträgt. Ein Minister muß vor dem ganzen Parlament über Maßnahmen und Etat seines Ressorts Rechenschaft ablegen.

Da der Politiker stets mit Gegnern seiner Auffassung zu rechnen hat, wendet sich seine Taktik vorzugsweise an diese. In Wahlreden sollte nur das versprochen werden, was nach der Wahl tatsächlich erfüllt wird und mit Behauptungen über die Gegenseite vorsichtig umgegangen werden.

Oft bilden Tumulte und Redeschlachten ein wenig würdiges Bild von parlamentarischer Rhetorik, so daß diese begreiflicherweise bei weiten Teilen der Bevölkerung nicht sehr hoch im Kurs steht, was Ausdrücke wie „Quasselbude" (so Wilhelm II. über den Reichstag) und „Zum Fenster hinausreden" bekunden. Zeitungslesende, sich unterhaltende Abgeordnete, ihr ständiges Kommen und Gehen dürfte diesen schlechten Eindruck bei den Besuchern mitverschulden. Das Zuhören scheint beinahe schwerer als das Redenhalten zu sein.

Schädlich für den Parlamentsstil sind Übertragungen im Rundfunk und Fernsehen, letzteres hatte bei der außenpolitische Debatte auf die Zuschauer so ungünstig gewirkt, daß die Übertragung im März 1957 eingestellt wurde, um den Deutschen Bundestag „nicht noch stärker zu einem Wahlforum zu machen", ebenso beim gleichen Thema im November 1959, „damit der Ablauf der Debatte nicht vom Kampf um die besten Sendezeiten bestimmt werden müsse" und da „außerdem die Wirkung von Direktübertragungen auf die Bevölkerung verschieden sei".

Die Art der Reden in deutschen Parlamenten und bei politischen Versammlungen findet jüngst in den posthumen Erinnerungen des Historikers Joh. Haller scharfe Kritik.

Außer den hier und in anderen Kapiteln Genannten berichten u. a. folgende Politiker in ihren Memoiren über Rednererfahrungen:

Bernhard Adelung (hess. Staatspräs.), Graf Albert Apponyi, Eduard Bernstein, Graf Joh. Heinr. Bernstorff, Magnus Frhr. v. Braun, Otto Buchwitz, Duff Cooper, Julius Curtius, Ottokar Czernin, Hellmut von Gerlach, Wilhelm Hoegner (bayer. Ministerpräs.), Alexander von Hohenlohe (Sohn des Reichskanzlers), Herbert Hoover, Graf Micharl Karolyi (über Graf Apponyi), Wilhelm Keil (württemb. Landtagspräs.), Paul Löbe, Hendrik de Man, Gustav Noske, Jawaharlai Nehru, Gustav Radbruch, Werner Frhr. v. Rheinbaben, Henri Rochefort (polit. Journalist), Theodore Roosevelt, Philipp Scheidemann, Carl Severing, Friedrich Stampfer, Sir H. M. Stanley (als Unterhaus-Mitglied), Adolf Wermuth (Reichstag), 1960 Sir Anthony Eden, Mahatma Gandhi, Karl Kautsky und Hans Luther.

Von Diplomaten: Herbert v. Dirksen (über Stresemann), Rudolf Nadolny, Frhr. v. Schoen.

c) Wirtschaftler

In den Anthologien von Reden bedeutender Persönlichkeiten sind die Wirtschaftler merkwürdigerweise nur spärlich vertreten, wie auch in der rhetorischen Fachliteratur überhaupt. Sehr zu Unrecht; denn sie stellen mindestens einige Redner von hohem Format. Unter den Wirtschaftstheoretikern ist ein Mann wegen einer einzigen, nicht einmal gehaltenen, aber gedruckt erhaltenen Rede zu nennen: Silvio Gesell, der nur auf flehentliches Bitten seines Anwaltes die vorbereitete Verteidigungsrede vor dem Münchener Standgericht 1919 unterließ, da sie einerseits mehr ein finanztechnisches Kolleg bildete, andererseits aber in ihrem Ton zu kühn, ja provozierend gehalten war. Dieser Geldreformer, halb Kaufmann, halb Bauer, hatte erst im 6. Lebensjahrzehnt und nach langem Zaudern seinen ersten Vortrag über „Geld und Frieden" in Bern 1916 gehalten, d.h. sein Manuskript vorgelesen. Es folgten noch viele Vorträge und Vortragsreisen nach Überwindung der anfänglichen Hemmungen; auch erforderte seine in vielen Schriften niedergelegte Freiwirtschaftslehre rednerische Publizität.

Als Theoretiker und vielgereister Praktiker nimmt der schon oben mehrfach genannte Propagandist der Bodenreformbewegung Adolf Damaschke einen festen Platz in der volkstümlichen Redekunst ein.

Schließlich der — 1958 durch H. M. Böttcher biographisch neu durchleuchtete — Wirtschaftsführer Walther Rathenau, der erst zum Ende seines fünften Lebensjahrzehntes und durch die Weltkriegsereignisse veranlaßt, Redner geworden war. Seine aus weitem Weltblick und profunder Geschichtskenntnis geformten wirtschaftspolitischen Reden, die gelegentlich auch realistische Ausdrücke enthalten, bieten als charakteristische Merkmale:

1. Geschicktes Aufgreifen von Zurufen, so z. B. auf den Zuruf „Eisenbahn": „Auch das ist ein Kapitel für sich. Darauf werde ich heute nicht eingehen, aber Sie haben recht ..."

2. Den Kunstgriff der Wiederholung, z. B. „Fragen Sie sich selber, was Sie ... fragen Sie sich, wieviel ..."

3. Eindringliche Schlußappelle, z. B. „Prüfen Sie diese Gedanken. Wenn Sie sie geprüft haben, werden Sie finden, daß sie wahr sind. Wenn sie aber wahr sind, so haben Sie den Mut, sie zu wollen; denn wenn Sie sie wollen, so wird auch das Land lernen, sie zu wollen, und wenn das Land sie will, so *werden* sie."

Demgegenüber fallen einige Negativa des von Eitelkeit keineswegs freien, bisweilen manirierten Redners nicht wesentlich ins Gewicht: Mangel an Humor, eine befremdende „Förmlichkeit", Vorliebe für ausgefallene Fremdworte usw.

Hugo Stinnes, der als Reichstagsabgeordneter, wohl auch wegen seiner leisen Stimme, die Rednerbühne nicht liebte, hielt auf der Konferenz von Spa 1920 „eine sorgfältig ausgearbeitete Rede voll beleidigender Aggressivität“, von der Lord D'Abernon eine Probe gibt: „Ich stehe auf, weil ich jedem ins Auge sehen will. Herr Millerand hat gestern verkündet, daß uns Deutschen das Recht zu sprechen aus Höflichkeit zugebilligt werde. Ich nehme es nicht als Gnade, sondern als Recht in Anspruch. Wer nicht von der Siegeskrankheit angesteckt ist ...“ Hier wurde er vom Präsidenten unterbrochen.

Die für Wirtschaftler spezifische Redneraufgabe heißt: nüchterne Tatsachen und trockene Zahlen lebendig darstellen, statistisches Material den Hörern möglichst schriftlich vorlegen und mündlich kommentieren.

Außer den Genannten bieten Material: Lujo Brentano und Heinrich Pesch über ihre Lehrtätigkeit, M. J. Bonn (auch über Gastvorträge in Amerika), Karl Bücher (Gelegenheitsreden), Carl Duisberg (Reichsgerichtsprozeß 1889) und Hjalmar Schacht.

Über die spezifischen Mittel der akustischen Werbung durch Stimme und Rede im Geschäftsleben orientiert das Buch von Biehle: „Werbe-Rhetorik“.

An sich hat fast jede Rede Werbecharakter, gleich ob für ein philosophisches System, ein neues Waschmittel oder zum Eintritt in eine Partei geworben wird. Der Verkaufs- und Werbepsychologe wird ganz besonders alle rednerischen Mittel geschickt anwenden, die zu wirtschaftlichen Erfolgen führen, jedoch dabei nicht die Erzeugnisse der eigenen Firma in den Himmel heben, dagegen die der Konkurrenz schlechtmachen.

Hat man dabei Muster, Proben eines Erzeugnisses, zu zeigen, so erweist es sich als vorteilhaft, diese aufs Rednerpult oder einen Nebentisch zu legen und von dort aus zu demonstrieren, während das Herumreichen ablenkt und zu Gesprächen der Zuhörer untereinander führt. Schon das Knistern der Cellophan-Umhüllung wurde dabei von den Anwesenden als störend empfunden. Die Musterproben mache man nach der Rede zugänglich.

d) Geistliche

Welcher Art die Predigt-Vorbereitung sein soll, zeigen uns einige Beispiele von Geistlichen:

Spurgeon warnt vor *zu* sorgfältiger Vorbereitung: „Glauben Sie nicht, daß viele Predigten ‚vorbereitet‘ werden, bis aller Saft herausgedrückt ist? Predigten, welche Tage lang studiert, niedergeschrieben, gelesen, wiederum gelesen, verbessert und weiter verbessert und berichtigt werden, sind in großer Gefahr, zu viel zurecht geschnitten und getrocknet zu werden. Sie werden nie eine Ernte erzielen, wenn sie gekochte Kartoffeln pflanzen. Sie können eine Predigt so kochen, daß kein Leben darin bleibt. Ich höre gern in einer Rede die Waldvögel-Töne der wahren Natur und der reinen Gnade; diese haben einen Reiz, welcher der künstlichen und ausgearbeiteten Rede fremd ist."

Pfarrer Rittelmeyer war — nach seinen eigenen Worten — von Natur ganz und gar kein Redner, der sogar anfangs eine namenlose Scheu vor allen öffentlichen Reden zu überwinden hatte. Alle möglichen Versuche, um predigen zu lernen, wurden unternommen. So schloß er sich in die Kirche ein, um dort jeden Satz der kommenden Sonntagspredigt zu studieren; er ging auf die Kanzel und sprach ihn von oben, dann hörte er ihn wieder von unten. Noch in Berlin erlebte er Sonnabends abends in der leeren, dunklen Kirche die Predigt des nächsten Tages im Geiste mit seinen Bekannten von unten und von oben.

Pfarrer Christian Geyer hatte die aufgeschriebenen Predigten meistens anders gehalten, später nur noch das, was sich ihm am stärksten aufdrängte oder was für das Predigtziel am wichtigsten war, auf einzelne Blätter geschrieben. Dann kehrte er wieder zur ersten Methode zurück. „Es vergingen oft Jahre, ohne daß ich auch nur eine einzige Predigt (von Amtsbrüdern) gelesen hatte. Allein der Anschauungsstoff strömte mir von allen Seiten zu, da ja alles Lebendige anschaulich ist. Der Prediger müßte doch während der Woche viel mehr erleben, als er in seiner Sonntagspredigt unterbringen kann. Indem ich die Woche über mit meinem Texte lebte, zog er alles ihm Verwandte an, und ich erinnere mich nicht, daß es mir einmal an Stoff gefehlt hätte."

Pfarrer Hahn, der in Deutsch und Estnisch predigte, arbeitete erst eine deutsche Disposition, dann eine estnische Ausführung aus, die er memorierte. Es kam ihm unnatürlich vor, eine auswendig gelernte Predigt zu halten. Einmal mußte er mit einer unfertigen Predigt auf die Kanzel. Aber er fühlte sich dabei viel freier als mit der auswendig gelernten Predigt. Er gewöhnte sich daran, auf der Kanzel selbst den Ausdruck zu bilden.

Persönliche Befragung ergab folgende Erfahrungen von Kanzelrednern:

Pfarrer C.: „Ich hatte meine erste Predigt auswendig gelernt und dementsprechend vorgetragen. Mein Vortrag war so monoton, daß die Leute nacheinander einschliefen. Der Organist gähnte gewaltig, was mir den Gedankenfaden einmal abschnitt, doch fand ich mich rasch wieder. Von dieser Monotonie wurde ich mit einem Schlage frei: Ich predigte in einer anderen Kirche und kam ins Pathos, worauf meine Hörer reagierten. Von da an gelang es mir, daß ich schon bei der Ausarbeitung mich ganz in den Hörer versetzte, ich selbst der erste Hörer wurde."

Pfarrer D: „Durch häusliche Proben mit der Kritik eines Zuhörers wurde ich ruhig und gefaßt. Ich helfe mir mit Dispositionen und Stichworten auf einem kleinen Zettel. Ein wörtliches Auswendiglernen gelingt meinem Gedächtnis bis jetzt nicht."

Pfarrer E.: „Ich war durch die Examensbedingung, die Predigt wortgetreu nach dem eingereichten Konzept zu halten, etwas befangen, freies Sprechen liegt mir mehr." Eine solche Forderung kann die rednerische Entfaltung hindern, ja die Entwicklung überhaupt auf ein falsches Gleis bringen.

Da es sich bei den Geistlichen um Berufsredner handelt, die für diese Aufgabe während ihres Studiums geschult werden, wird von ihnen rednerisches Können erwartet und verlangt. Der Ton der Kanzelreden, die in erster Linie der religiösen Erbauung dienen, darf nicht zu einer salbungsvollen Feierlichkeit, dem falschen Pathos führen. Im Gebrauch der Alltagssprache hat „Predigen" und „pastoral" einen schlechten Sinn. Um eine möglichst unpastorale Art zu erreichen, soll der Geistliche öfter ohne Talar auch bei außerkirchlichen Anlässen und über praktische Dinge sprechen. Es ist der Fehler vieler Prediger, sich selbst zu steigern und auf der Kanzel ein ganz anderer Mensch zu sein als im sonstigen Leben. Deshalb fordert Pfarrer Geyer, alles innere und äußere Pathos zu vermeiden.

Material zur theologischen Rhetorik bieten auch: A. Bielenstein, C. Büchsel, Fritz Fliedner, Claus Harms, Theodor Kaftan, Gustav Parthey (über Schleiermacher), Bernhard Rogge, Heinr. Wolfg. Seidel.

e) Ärzte

Obwohl auch der Arzt Gelegenheit zu rednerischer Entfaltung findet, in Vorträgen und Vorlesungen, als Kongreßreferent und Gutachter, geschieht während des medizinischen Studiums meist so gut wie nichts in dieser Hinsicht. Deshalb gilt auch heute noch die Mahnung Naunyns: Ich dachte ein wenig darüber nach, daß Reden und Lehren Künste sind, die geübt und erlernt werden müssen, und ich glaube, daß damals viele von uns diese Weite ihrer Ausbildung vernachlässigten. Mir hätte es sicher nichts geschadet, wenn ich frühzeitig mehr getan hätte, um meine rednerischen Fähigkeiten auszubilden. Ich hätte doch früher beginnen sollen, es mit meiner Schulung als Redner ernst zu nehmen."

Wie schwer oft der Anfang fällt, zeigt Forels Schilderung seiner ersten Vorlesung in München 1877: „Eine schreckliche Angst ergriff mich vor meiner ersten Vorlesung, eine so große, daß ich mir vor Antritt meines Leidensweges ein Glas starken Schnapses reichen ließ und es hinuntertrank, um mir Mut zu machen. Die Wirkung des Schnapses hatte ausgereicht, um mich glücklich vor die paar Studenten zu bringen, die als Hörer erschienen waren und die mir fast wie Scharfrichter vorkamen. Ich stammelte meine Vorlesung, so gut ich konnte, herunter. Bald merkte ich das Nachlassen der stimulierenden Wirkung des Schnapses, der mich nun viel mehr lähmte als anfeuerte, so daß ich mich wohl hütete, ihn zum zweiten Male zu Hilfe zu nehmen." Diese alkoholische Lehre dürfte auch dem späteren Abstinenzler Forel wichtig geworden sein.

Bei Ärzten ist oft eine leise Stimmgebung, vom Krankenbett gewöhnt, ungünstig für Vorträge und Vorlesungen.

So hatte, nach der Darstellung von Helen Clapesattle, Dr. Charles Mayo, einer der beiden berühmten Brüder und Leiter der Mayo-Klinik in Rochester, dem medizinischen Mekka Amerikas, eine leise, sanfte Stimme, die nicht weit trug. Auch sprach er nicht gern öffentlich. Vor einer größeren Gruppe fühlte er sich gehemmt. Sein Denken bewegte sich sprunghaft. Er war außerstande, sich an das Manuskript zu halten. Plötzlich fiel ihm etwas ein, was er unbedingt noch erwähnen oder eine Anekdote, die er erzählen mußte, im Nu kam er vom Hundertsten ins Tausendste und konnte sich nicht mehr zu seinem wohlvorbereiteten Thema zurückfinden. Aber das war ganz gut, denn seine spontane Art und sein gemütlicher Humor waren Gaben, die nur beim freien Sprechen zur Geltung kamen. Sobald er seine Scheu überwunden hatte, wurde er ein ebenso guter Redner wie sein Bruder, wenn auch von ganz anderer Art. Es war nicht seine Stärke, Eindruck zu machen, sondern die Herzen zu erobern. — Wichtiger noch als die Vorträge war seine ständige lebhafte Teilnahme an den Diskussionen. Wer die Sitzungsberichte von damals liest, wird kaum glauben, daß Dr. Charly das öffentliche Sprechen jemals verabscheut hat. Tatsächlich machte ihm das öffentliche Sprechen jetzt Vergnügen.

Sauerbruch scheint bei seiner schon erwähnten Jungfernrede, als er seine Konstruktion der Operationskammer vorführte, entweder nicht laut genug gesprochen oder die Einzelheiten nicht verständlich genug dargestellt zu haben; denn er schreibt darüber: „Kaum hatte ich ‚das Ventil' gesagt, als aus dem Auditorium ein Zuruf kam. Während ich sprach, hatte ich gefühlt — dankbar gefühlt — wie sie alle mitgingen. Nun wurde ich unterbrochen. ‚Beschreiben Sie das Ventil genau!' Etwas verblüfft antwortete ich: ‚Es ist seinem Prinzip nach leicht zu verstehen.' ‚Bitte, warten Sie', rief dieselbe Stimme, und ein alter, würdiger Herr erhob sich und kam langsam auf das Podium zu ... Dann wieder aus der 7. oder 8. Reihe Zurufe mit der Bitte um Wiederholung des Gesagten."

Wertvolle Hinweise bietet der Kliniker Friedrich von Müller seinen Kollegen, der die Verwendung von Wandtafeln mit erklärendem Text ablehnt, da das Lesen der Erklärungen ablenkt; deshalb hat er klinische und neurologische Wandtafeln ohne erklärende Bezeichnungen entworfen. Er wendet sich auch gegen die Unsitte, Tabellen durch Projektion zu bieten, da in der kurzen Zeit die Zahlenreihe sich nur sehr schwer genügend auffassen läßt, zu lange Dunkelheit aber einschläfernd wirkt. Ein Plauderton könne für einen präzisen Gedankenaufbau schädlich werden.

Für Vorträge vor einem Laienpublikum rät F. v. Müller, über das oft sehr niedrige Fassungsvermögen der Zuhörer nicht hinauszugehen, Fachworte zu erklären, für Fremdworte ein — oft viel zutreffenderes — deutsches Wort zu wählen.

Eine Schallplattenreihe „Die Stimme des Arztes", 1959 begonnen, die „Stimmen hervorragender Ärzte in typischen, wissenschaftlichen Äußerungen breiten Kreisen der Ärzteschaft zugänglich machen und sie der Nachwelt erhalten will", böte Studienmaterial, wenn das rednerische Wirken in die ärztliche Fortbildung einbezogen würde, was empfohlen sei.

Weitere Einzelheiten zur ärztlichen Rhetorik u. a. bei A. Bier (über v. Esmarch), Gustav v. Bergmann, Theodor Brugsch, Otto Buchinger, Hermann Euler, Hermann Hoster, Albert Lorenz (über Adolf Lorenz) und A. Martin.

f) Architekten

Da ein Baukünstler ästhetisches und konstruktives Gefühl, Formsinn, Gestaltungskraft und Gliederungsgabe besitzen muß, bringt er gute Voraussetzungen mit, die für Rednerzwecke umzuwandeln, zu schulen und dann anzuwenden sind; berufseigene Anlässe bieten Richtfeste und Einweihungen seiner Bauten.

Wie auch ein großer Architekt als Redner mit sich ringt, beleuchtet Theodor Heuss in einer feinsinnigen Schilderung von H a n s P o e l z i g: „Obwohl ein Meister der improvisierten Ansprache, *scheute er* die öffentliche Rede. Hatte man ihm die Zusage zu einem Vortrag abgerungen, so suchte er diese nach einiger Zeit rückgängig zu machen, so sehr quälte er sich damit — gewiß nicht das Lampenfieber eines Schüchternen, sondern das Bewußtsein eines Stolzen: wenn du sprichst, so muß das Gültiges sein. An den wenigen wichtigen Reden dieser Art hat er mit Mühe geformt, gestrichen, ergänzt, verworfen, gemildert — er stellt an sich den höchsten Anspruch der Durchsichtigkeit in der rednerischen Anlage, der gedanklichen Klarheit und zugleich der persönlichen Formung und Färbung."

In seiner berühmten programmatischen Rede vom 4. Juni 1931 hat Poelzig Demosthenes seinen Kollegen als leuchtendes Vorbild hingestellt: „Gerade im Kampf gegen die eigene Natur oder gegen ihre Schwächen wird das Höchste erreicht. Demosthenes wurde der größte Redner der Griechen, weil er nicht reden konnte, d. h.

weil das physische Organ ihn eigentlich hinderte. Und im Kampf gegen die physische Schwäche, seiner geistigen Berufung folgend, wurde er der größte."

Zwei bekannte Architekten unseres Zeitalters haben bemerkenswerte Beiträge zur Rhetorik geleistet, indem sie teils als Praktiker eigene rednerische Erfahrungen und Beobachtungen, teils als Theoretiker selbständige Gedanken veröffentlicht haben.

Fritz Schumacher, schon im „Prima-Verein" seines Gymnasiums in Stegreifreden geübt, bietet die für uns wichtigste Erkenntnis aus seiner Lehrtätigkeit an der Dresdener TH: „Es ist mir immer nur möglich gewesen, nach einer stichwortartigen Disposition in freier Rede zu sprechen. Ich hielt es für richtig, alle Illustrationen zu dem, was ich sagte, während des Sprechens selber an die Tafel zu zeichnen. In diesem *Entstehenlassen* des zum gesprochenen Wort gehörenden Bildes und in dem Nachzeichnen dieser Skizzen durch den Studenten schien mir eine solche Verstärkung des Wesentlichen zu liegen, daß ich es nie anders machen würde. Hand und Mund führen eine Art *Doppelspiel,* das einigermaßen anstrengend und gewagt ist. Während meiner ganzen Lehrzeit bin ich immer mit der gleichen lampenfieberartigen Erregung in meinen Hörsaal gegangen, und erst, wenn ich auf dem Katheder stand, fiel mit wunderbarer und kaum erklärlicher Selbstverständlichkeit jede Spannung von mir ab. Aber dieser *Umwandlungsprozeß* mußte immer aufs neue durchgemacht werden."

In einem der „Kunst der Rede" gewidmeten Kapitel, worin Fritz Schumacher den siegesgewissen Redner als ebenso peinlich wie den gehemmten bezeichnet, spricht er von einem ganz merkwürdigen Schwebezustand zwischen Ablesen und freiem Sprechen, während der Blick nicht am Geschriebenen haftet. Ein solcher Vortrag sei anstrengender als freie Rede trotz des *Scheines der Leichtigkeit,* als einzige Unwirklichkeit zu erstreben, die dem Hörer geboten werden darf.

Otto Bartning rät den Rednern in seinem 1956 gehaltenen Vortrag „Liebe zum Holz", worin er die Verwendung von Lautsprechern moniert: „Das Wort öffentlicher Rede braucht nicht erst in Filz erstickt und dann elektrisch metallisch neu erweckt zu werden. Tausend

Menschen und ein Redner — das ist eine urmenschliche Begegnung. Sie erfordert eine *Auswahl* der Worte, ein gewisses *Zeitmaß*, eine *Steigerung* der Stimme, eine bestimmte Resonanz ohne störenden Nachhall".

Auf einer sehr bewegten Stuttgarter Wahlversammlung hat sich Paul Bonatz mit einer Rede Ruhe und Gehör verschafft.

g) Dichter und Schriftsteller

Ist es zwar Hauptaufgabe der Dichter und Schriftsteller, sich mit dem gedruckten Wort an ihre Mitmenschen zu wenden, so können sie doch durch Rednerfähigkeit Existenz und Namen noch verbessern, oder, wenn arriviert, werden sie auch als Redner herangezogen ihrer künstlerischen Persönlichkeit und schöpferischen Sprachgestaltung wegen. Sind sie aber mit der Zunge so beredt wie mit der Feder?

Dies ist in vielen Fällen, die von Rousseau (s. d.) über Freytag (s. d.) bis zu Gerhart Hauptmann reichen, zu verneinen.

G o e t h e, der schon mit 22 Jahren eine Rede zum Shakespeare-Tag gehalten hatte, ist auch berühmt durch seine Eröffnungsrede des Ilmenauer Bergwerks 1784, wobei er steckenblieb und erst nach endloser Pause wieder weiterfand (Eckermann). Als in den 20er Jahren Studenten dem Dichter in Jena ein Hoch ausbrachten und riefen „Rede halten!", bedankte er sich nur durch einige Verbeugungen, was ihm allgemeines Gelächter zuzog (nach A. Ruge).

Die rednerische Situation des introvertierten Schreibtischhelden beleuchten zwei typische Äußerungen:

J a c k L o n d o n : Mit einem Zug seiner Feder könne er Millionen erreichen, während seine Stimme nur von wenigen gehört würde. Er hätte eine Abneigung, öffentlich aufzutreten.

S i e g f r i e d S a s s o o n : „Ich bedaure es nicht, daß ich später vermieden habe, politische Reden zu halten. Wenn ich den Drang verspürte, etwas zu sagen, so habe ich es immer am liebsten mit Feder und Tinte getan".

Auf der Suche nach einem Beruf und in der Absicht, Geistlicher zu werden, hatte A u g u s t S t r i n d b e r g, ohne stud. theol. gewesen zu sein, eine Predigt gehalten, über deren Verlauf eine lesenswerte Schilderung der

Einzelheiten vorliegt. Das Urteil lautete: „Das war eine sehr gute Predigt, sie war so kurz". Er hatte nämlich zu schnell gelesen und ein Gebet übersprungen.

Stefan Zweig liebte es nicht, in Gegenwart seiner Frau als Redner aufzutreten. Vor einem Vortrag in Prag schickte er sie und einen Freund zur Stadtbesichtigung weg. „Es störte ihn, vor seiner Frau quasi zu schauspielern. Auch war es ihm peinlich, daß sie zugegen sei, wenn er gefeiert wurde". (Nach Friederike Zweig).

Feinfühlig beschreibt Stefan Zweig einen in Wien 1897 von seinem Dichterkollegen Hugo von Hofmannsthal gehaltenen Vortrag: „Er warf sich gleichsam mit einem einzigen Ruck in die Rede hinein, und je weiter er sprach, desto freier wurden seine Gesten, desto sicherer seine Haltung; kaum war er im geistigen Element, so *überkam ihn* aus seiner anfänglichen Befangenheit eine wunderbare Leichtigkeit und Beschwingtheit, wie immer den inspirierten Menschen. Nur bei den ersten Sätzen bemerkte ich noch, daß seine Stimme unschön war, manchmal sehr nahe an dem Falsett, und leicht überkippte, aber schon trug die Rede uns so hoch und frei empor, daß wir nicht mehr die Mängel der Stimme wahrnahmen. Er sprach ohne Manuskript, ohne Notizen, vielleicht sogar ohne genaue Vorbereitung, aber jeder Satz hatte aus dem zauberhaften Formgefühl seiner Natur vollendete Rundung."

Marie Hamsun hat ihren Mann nur einmal öffentlich reden gehört und gesehen beim Bankett nach der Nobelpreis-Verleihung: „Er sprach über die Jugend, den Geist, die Dichtung. Es war keine lange Rede. In den Zeitungen war die Rede wohl korrekt wiedergegeben, wirkte aber trotzdem nur wie eine gepreßte Blume in einem Herbarium im Vergleich zur betauten, duftenden Blüte im Gras."

Nach Schilderung seines Sohnes hatte Knut Hamsun schon bei den Unitariern in Amerika sowie bei literarischen Vorträgen in Norwegen und Dänemark Rednergabe gezeigt.

Er konnte damals noch nicht ahnen, daß er sich als 88jähriger am 16. Dezember 1947 taub und stark sehgeschwächt in einer Gerichtsverhandlung wegen seiner politischen Irrtümer würde verteidigen müssen, laut stenographischem Wortlaut hat er dies mit erstaunlicher

Klarheit und Offenheit getan. „Ich habe die Zeit für mich, ich kann warten, lebend oder tot, das ist gleichgültig. Und ebenso gleichgültig ist es der Welt, wie es dem einzelnen Menschen, in diesem Falle mir, ergeht. Ich kann warten. Viel anderes habe ich doch nicht zu tun“ schloß er resigniert.

Als nach dem 1. Weltkriege ein gewandelter Lebensstil auch die künstlerische Aussage revolutionierte, wurde der Dichter Fritz von Unruh markanter Sprachschöpfer eines neuen Redestiles. Gleich die erste seiner berühmten Reden

Stirb und werde!, Frankfurt a.M. am 22. März 1922,

gehalten bei der dortigen Goethewoche im Schauspielhaus zum 90. Todestage Goethes in Anwesenheit des Reichspräsidenten Ebert vor der Aufführung des „Tasso“ zeigt diesen „neuen Stil der Festrede. Der sonst übliche Lebensabriß fehlt gänzlich. Unruh stellt Goethe mitten in die Gegenwart und fragt, was würde der Gefeierte uns Heutigen sagen?“ (Wieszner im Anhang der Redesammlung).

Daß kein Literaturprofessor mit dieser Aufgabe betraut wurde, ist an sich schon bemerkenswert. Wie langweilig hätte eine an solche hochansehnliche Festversammlung gerichtete traditionelle Goetherede ausfallen können! Unruh dagegen rüttelt gleich mit dem ersten Satz und seiner dreimaligen Wiederholung wie mit Posaunenstößen auf, führt zu flammenden Anklagen, Beschwörungen und Aufrufen, um in der thematischen Durchführung dem Titelwort durch das expressionistisch geschilderte Kriegserlebnis neuen Sinn zu geben:

„ ‚Es fehlt an Geld!‘ Meine werte Versammlung, glauben Sie bitte nicht, ich stünde da, um Goethes Namen, wie Nietzsche einst so bitter sagte, als Fanfare der Eitelkeit über die Grenzen zu blasen. ‚Du sollst den Namen Deines Gottes nicht unnütz führen!‘

‚Es fehlt an Geld‘ . . . und ich habe nur den Auftrag, Sie alle daran zu erinnern. ‚Es fehlt an Geld‘, Ihr festlich geschmückten Damen und Herren! In unserer Zeit, die Vergnügungspaläste aus der Erde schießen läßt wie Giftpilze, fehlt es an Geld, um ein Heiligtum unserer Nation zu erhalten.

Wir bedürfen der Festwoche, um die Geburtsstätte des Dichters zu bewahren, in dessen Namen wir voller

Stolz auf der Erde stehen, der uns einen Schatz hinterließ, von dessen Unendlichkeit wir noch nichts träumen bis heute. Aber —: ‚Es fehlt an Geld!' " usw.

Auch nach dem 2. Weltkrieg und Jahren der Emigration trat der Redner Fritz von Unruh vor die Öffentlichkeit mit einer in der wieder aufgebauten Paulskirche am 18. Mai 1948 gehaltenen

„Rede an die Deutschen",

die infolge seelischer Erschütterung des Redners eine Unterbrechung erlitt, dann aber beendet wurde. Diesem rhetorischen Ereignis gab Unruh ein Jahr später in einem Brief an den Frankfurter Oberbürgermeister tiefere Deutung, indem er u. a. schrieb:

„Wie ich dann die Rednertribüne bestieg und diese vielen Gesichter der Zuhörer sah, da dünkte mich das hohe Rund wie die Arena des antiken Theaters. Es war mir plötzlich, als müsse ich nun sagen, was die Gottheit von mir fordert. So mächtig wurde in mir die Vorstellung, daß nicht ich, sondern *durch mich* jene Stimme laut wurde, da mir die eigenen Worte nicht mehr vom Munde wollten. Die Stimme wurde so stark, daß ich mich selbst nicht mehr verstand, nicht mehr hörte und von der Gewalt dieses Ereignisses erschüttert, zusammenbrach. Als mich dann ein paar Studenten in die Orgelkammer trugen, da wußte ich erst selbst nicht, was geschehen. Es war keine „Ohnmacht", es war die Vision eines Deutschland. Mit dem Trompetensignal der Leonoren-Ouvertüre hatte ich all meine Besinnung wieder. Entgegen dem Befehl des Arztes beendete ich dann unter dem mir ewig unvergeßlichen Jubel der Festgesellschaft meine Rede."

Annette Kolb, die zur Goethepreis-Verteilung 1955 eine lange vorbereitete 14-Minuten-Rede hielt, ist eine aufschlußreiche Äußerung zu verdanken: „Die Rede war erst 30 Minuten lang, aber meine Hauptarbeit besteht immer im Kürzen" (nach Prinz Konstantin).

Witzig und ausführlich hat G. B. Shaw seine Entwicklung zum Debatten-, Vortrags- und Sonntagsredner geschildert, wobei er übermäßige Nervosität verlor und sich an die Menschenmengen gewöhnte.

Ferner haben über eigene Rednererfahrungen oder andere Redner geschrieben Hermann Bahr (u. a. Schlußfeier des Gymnasiums), Hans Friedrich Blunck (über

Gerhart Hauptmann), Felix Braun (u. a. über Rilke), Castelli (als Steuereinzieher), Helen Dreiser (über Th. Dreiser), Theodor Fontane, O. M. Graf, Robert Graves, Stefan Großmann (Wahlreden, Schillerrede), Hans von Hülsen (Vorträge in Stockholm und Syrakus), Friedrich Georg Jünger, Arthur Koestler (über Mißerfolg in der Carnegie-Hall), Herman Anders Krüger, Heinrich Mann, Walter von Molo, Eckart von Naso, Rudolf Presber (Abiturienten-Abgangsrede), Wilhelm Schäfer, Kurt Tucholsky (Ratschläge für einen schlechten Redner), Herman Wildenvey, Heinrich Zschokke (als Stud. und über Salis-Seewis).

b) Dozenten

Die Gabe, Forscher und Wissenschaftler zu sein, Bücher zu schreiben, bedeutet noch keineswegs, auch die Fähigkeit des Lehrens und *Dozierens* zu besitzen. Es ist merkwürdig, daß letzteres einfach vorausgesetzt wird. Deshalb empfiehlt Driesch, sich schon als Student im Vortragen zu üben.

In vielen Fällen fehlt der *Dozentenstimme* genügende Lautstärke. Aus seiner Studienzeit berichtet Ernst Wiechert, wie die Studenten scharrten, wenn zu leise gesprochen wurde, die leise Stimme sich auf eine Minute erhob, um dann wieder ins Wesenlose zu versinken.

Den störendsten *Sprachfehler*, den Rittelmeyer je erlebt hatte, besaß Treitschke: „Durch seine Taubheit wurden mit merkwürdig bellender Stimme die Sätze zerrissen und zusammengeklebt, dadurch schwer verständlich, es entstand ein unorganisches Pathos.“

Wie eine Vorlesung nicht sein soll, schildert Felix Dahn von dem Berliner Dozenten für Erbrecht Geheimrat von Keller. Dieser „diktierte in eintönigster Weise ohne jede Hebung oder Senkung der Stimme, ohne Absätze in einem fort, wie ein Wasserfall sich ergießt. Niemals sah er vom Heft auf, kein Blick streifte je die paar hundert Hörer“. Ebenso war Eduard Zellers Vortrag über Philosophie, den Wilhelm Wundt hörte, „trocken und entbehrte jeder anregenden Wirkung, schon weil er von Anfang bis zu Ende diktierte“.

Dagegen sprach Leopold von Ranke völlig *frei*, hatte aber vorher den Gegenstand in jeder Beziehung auf das Gründlichste schriftlich durchgearbeitet und sich damit die volle Beherrschung für die *mündliche Neugestaltung* gesichert. Weiter sagt Heinrich von Sybel in seiner Gedächtnisrede, daß Ranke beim Suchen nach dem treffenden Ausdruck bald stockte, bald wieder in überstürzter Schnelligkeit vorwärts drängte, ein dem Ohr oft schwer verständlicher Vortrag.

Wohin das Freisprechen führen kann, erlebte Anton Mayer an dem Berliner Archäologen August Kalkmann: „Da er stets ganz frei sprach und sich an *kein Konzept* hielt, verlor er sich dann oft genug in Spekulationen, Träumereien, Vermutungen, die manchmal der Wunderlichkeit nicht entbehrten; seine Stimme wurde leiser, die Sätze verklangen immer häufiger, bis er schließlich gar nicht mehr weiter konnte und seine Hände halb bedauernd, halb entschuldigend auf das Katheder sanken: „Tja — meine Herren ...“

Daß der Vorlesungsstoff wesentlich die Art des Dozierens beeinflussen kann, zeigt Kohlrausch an den Beispielen Fichtes und Schlegels.

„Fichte hatte kein Heft, sondern nur ein Oktavblatt, auf welchem mit einzelnen Worten, Buchstaben und mathematischen Zeichen der Gang seines Vortrages angedeutet war, und sprach übrigens *ganz frei*, mit kräftiger, volltönender Stimme und gehaltener Betonung dessen, worauf es hauptsächlich ankam; *nicht büchermäßig* oder wie auswendig gelernt, sondern im knappsten und schärfsten Ausdrucke des Gedankens, den er deutlich machen wollte.

Im dritten Jahre hielt Fichte populäre Vorlesungen des Sonntags mittags vor einem gemischten Auditorium unter dem Titel „Die Grundlagen des gegenwärtigen Zeitalters“. Er hatte sie vollständig ausgearbeitet und *las aus einem Hefte vor.* Es war eine andere Art des Vortrages, in ihrer Art auch ausdrucksvoll und anziehend, doch für den Zuhörer von seinen streng philosophischen Entwickelungen *nicht so spannend* als diese, in denen sich seine ganze Natur abspiegelt.

Schlegels Vortrag war von dem Fichtes fast diametral verschieden. Während bei Fichte die feste Gestalt der Gedanken sich in gleicher Festigkeit der Darlegung einen Tag wie den andern aussprach, so war Schlegel sehr ungleich, je nachdem der Gegenstand ihn besonders ansprach oder nicht und auch die persönliche Stimmung ihn gefangen hielt."

Am meisten hat wohl F. Th. Vischer über die Aufgabe des Dozenten nachgedacht und entsprechend gehandelt. Er sagt darüber: „Ich hatte bis dahin durchaus *vom Manuscript abgelesen,* die Befreiung von dieser Fessel für eine Unmöglichkeit gehalten. Noch auf der Reise (Sizilien—Griechenland) wurde beschlossen, daß dies anders werden müsse, und dann dem Beschlusse Folge gegeben. Von da an habe ich nie einen Vortrag geschrieben, sondern nur eine *Skizze entworfen,* öfters durchdacht und dann *freigesprochen.* Ich will keine Gelegenheit vorüberlassen, gegen den abgelesenen Vortrag, der immer leblos bleibt, mich auszusprechen, in Hoffnung, daß ich noch den Einen oder Anderen bekehre.

Ich gestehe, daß ich trotz aller langen Übung heute noch nie ohne Sorge und Spannung den Lehrstuhl besteige, daß ich mir zum Schutze gegen die Gefahr, aus dem Konzepte zu kommen, ganze Partien der Rede zu überspringen, mir ihre Gedankenfolge in strenger Vorbereitung mehr als einmal einprägen muß und daß der Schein der Leichtigkeit und Freiheit nur die Frucht harter Bemühung ist."

Nicht immer pflegen Dozenten auch äußerlich ihren Vortrag zu unterstützen, um die geistigen Abstraktionen deutlich und anschaulich zu machen und zum Mitdenken anzuregen. Bei Georg Simmel beobachtete Paul Fechter, „wie er bei der Formulierung eines Gedankens, einer Erkenntnis, den Kern gewissermaßen sichtbar mit der Hand emporhob, deren Finger sich nach oben spreizten und wieder schlossen; sein ganzer Körper wand und drehte sich unter dieser erhobenen Hand, die das Problem trug. Zuweilen hielt er den Arm fast senkrecht hoch und bewegte sich dahinter wie ein Fechtender bei der Parade. Er hatte dabei eine Intensität des Sprechens, die zugleich letzte Spannung des Denkens war."

Sehr weit in der Anwendung äußerer rednerischer Mittel ging Lujo Brentano. Ludwig Curtius schildert ihn, „dessen helles, etwas krähendes Organ das Auditorium maximum beherrschte, auf der Katheder-Estrade auf und ab gehend, schauspielerische Effekte durch rhetorische Fragen, Verzögerungen der Antwort und Steigerungen erzielend, worin ihm wenige gleichkamen".

Daß man aus der Not eine Tugend machen kann, zeigt Paul Fechter in seiner Darstellung Wilhelm Diltheys: „Er sprach ganz gedämpft und eigentlich nur für sich, ging nicht auf einen Kontakt mit dem Hörer aus. Zwischen Sprecher und Auditorium bestand ein Verhältnis der Passivität. Vielleicht war seine leise Stimme der Grund für Drucklegung und Verteilung eines begehrten und brauchbaren *Grundrisses*, der Daten, Literaturangaben, kurz eine Fülle von dem enthielt, was man sonst mühsam hätte sammeln und mitschreiben müssen." Hier ist etwas sehr wichtiges enthalten: der Student soll nicht durch Mitschreiben zu sehr abgelenkt und beschäftigt werden. Freilich wird gleichzeitiges Lesen einer Erläuterung das Hören beeinträchtigen.

Obwohl akademische Tradition große Zähigkeit besitzt, dürfte heute ein Bemühen nach rednerischer Auflockerung der Vorlesungen allgemein bestehen. In Amerika wünschen die Studenten gute Redner zu hören, die Dozenten sollen nach Notizen ihre Rede frei halten, zumal sie durch Fragen ständig unterbrochen werden. Bei der Berufung von Hochschullehrern sollte weniger ausschlaggebend sein, was sie veröffentlicht haben, als vielmehr, wie sie dozieren.

Eindrücke und Gedanken über Vorlesungsrhetorik finden sich noch bei: K. v. Frisch (über seine Habilitation), Joh. Guthmann (über Treitschke), Johannes Haller (über Jacob Burckhardt), Hyazinth Holland, Th. Heuss (über Ranke), Herman Anders Krüger (über Karl Lamprecht), Eugen Kühnemann, Erich Lotz, W. Lübke, Zenta Maurina (über Gundolf), W. Ostwald (über Virchow), Henrik Steffens, Rudolf Steiner, Fedor Stepun, H. Sutherland, J. Tews.

Da *Akademische Festreden* meistens abgelesen werden, bleiben sie ohne Gefühlswirkung, ohne innere Anteilnahme der Festversammlung, sie wirken langweilig und trocken, weshalb Dessoir vorschlägt, man solle boshafterweise nach einer solchen Festrede den Wach-auf!-Chor aus den „Meistersingern" singen lassen. So hat Kuno Fischer, damals der berühmteste Redner Heidelbergs, vielleicht sogar Deutschlands, zum dortigen Universitätsjubiläum in der Universitätskirche eine Festrede von zweieinhalb Stunden gehalten, wobei die Kirche abgeschlossen war, so daß niemand sie verlassen konnte. Die Studenten spielten auf der Galerie Skat, während die Zuhörer im Schiff der Kirche allmählich in Schlaf versanken; sogar Bunsen war eingeschlafen, weiß Uexküll zu berichten.

Zwischen Belehrung und Unterhaltung stehen *Vorträge und Bildungsreden*, in denen die eigene Persönlichkeit zu entfalten Naumann fordert, also nicht im Stile eines Museumsführers zu sprechen, sondern im freieren Tone die Einbildungskraft der Zuhörer zu wecken. Viele werden ähnliche Erfahrungen gemacht haben wie Uhde-Bernays, der nach seinem eigenen Geständnis rednerische Begabung, ausgezeichnetes Gedächtnis und ein kräftiges Organ besaß, aber der lehrenden Eigenschaften mehr als der äußeren Bedingungen zum Halten von Vorträgen entbehrte. „Schon nach den ersten *schüchternen* Versuchen hatte ich gelernt, mich auch in großen Sälen, wie dem Gürzenich in Köln, auf dem Katheder *ohne Lampenfieber* zu bewegen. Indem ich fast immer frei sprach, *beobachtete* ich mein Publikum vor mir, um mich ihm *anzupassen*, wenn es mit meinen Gedankengängen nicht Schritt zu halten schien."

Bildungsvorträge wie auch Werbereden können durch *Demonstrationen* sehr gewinnen, in erster Linie durch *Lichtbilder*, einwandfreies Funktionieren des technischen Apparates vorausgesetzt, wozu eine Hilfsperson und eine Vorprobe mit dieser wichtig ist, um nicht unvorhergesehene Störungen befürchten zu müssen. Man verteile die Lichtbilder auf den ganzen Vortrag, so daß sich Bilder und Rede ergänzen, durch Abwechseln optischer und akustischer Eindrücke Belebung entsteht. Hat man einen Kultur- oder Betriebs*film* vorzuführen, so bilde er den krönenden Schluß, auf den während der Rede immer hinzuweisen wäre; die Erwartung auf den Film soll zugleich das Interesse am Gesprochenen wachhalten helfen.

Der Vortragende bediene sich auch einer *Wandtafel*, um wichtige Namen oder Zahlen, die leicht falsch verstanden werden, anzuschreiben oder Kurven usw. anzuzeichnen. Hier ist zu erwägen, ob diese Angaben schon vorher oder erst während der Rede angeschrieben werden sollen. Im ersteren Falle kann es mit mehr Ruhe und Sorgfalt geschehen, im letzteren Falle aber *erleben* die Zuhörer, wie das illustrierende Material sich entwickelt, und werden angeregt, selbst Aufzeichnungen zu machen.

Dabei sollen vor allem *technische Dinge* für zuhörende Nichttechniker, die meistens die Mehrheit in einem allgemeinen Publikum bilden, anschaulich und einfach dargestellt werden; denn eine umständliche Darstellung von komplizierten Dingen, die ein technischer Laie doch nicht zu verstehen in der Lage ist, lähmt das Interesse am ganzen Vortrag.

Bei allen diesen Demonstrationen muß der Redner beachten, sprechend *nicht den Rücken* seinen Zuhörern zuzuwenden, sondern zuerst ankündigen, was demonstriert wird, dann dies — seine Rede unterbrechend — ausführen, um sich wieder zurückzuwenden und seine Rede fortzusetzen, was den meisten Rednern schwerfällt.

Vortragserfahrungen schildern u. a. Alexander von Rußland, Wilhelm vom Bode, Elisabetta Cerruti (als Zuhörerin), K. v. Frisch, Walter Hofmann, Peter Martin, E. Rosenberg.

14. Gelegenheitsrhetorik

a) Feierreden

Gelegenheitsreden heißen Reden, die nicht als selbständige Veranstaltung, sondern gelegentlich eines Ereignisses gehalten werden. Das sind Betriebsfeiern, Arbeitsjubiläen, Festlichkeiten, Essen und alle familiären Feiern: Taufe, Geburtstag, Konfirmation, Hochzeit, Beerdigung. Dabei ist oft der Schritt vom Erhabenen zum Lächerlichen sehr kurz, wenn z. B. der Redner seinen Notizzettel im Zylinderhut schamhaft versteckt, wie vor Jahren sogar bei einer hochgestellten Persönlichkeit in der Wochenschau zu sehen war. Auch kommt es zu kleinen Zwischenfällen und Pannen: ein Redner bleibt stekken, hat sein Manuskript oder seine Brille vergessen und ähnliches, was sich aber mit Geistesgegenwart und Nachsicht überbrücken läßt.

Gelegenheitsreden zu halten ist zweifellos nicht jedermanns Sache und kann auch großen Geistern zu schaffen machen, wie z. B. einer Äußerung von Thomas Mann (ca. 1945) zu entnehmen ist: „Ich hatte Mühe, meine Tischrede für jenes bevorstehende (politische) Dinner zustandezubringen.“ Aber Übung im öffentlichen Reden wird auch die Sicherheit für Gelegenheitsreden fördern.

Steht ein solches Ereignis bevor, etwa in einem Betrieb, so wäre der richtige Redner zu suchen, was wohl nicht schwer sein dürfte, denn man kennt doch seine Mitarbeiter. Darunter findet sich sicher einer, der zwar weniger zum öffentlichen Reden, aber als Gelegenheitsredner durchaus geeignet ist, seinem Empfinden mit ein paar Worten beredten Ausdruck zu geben. Mancher fühlt sich durch solchen Auftrag geehrt, nicht mit Unrecht.

Wenn der geeignete Redner gefunden ist, muß er vor allem zum *richtigen Zeitpunkt* reden. Hat er eine ernste Rede vorbereitet, was nicht ausschließt, auch etwas Witziges zu bringen, gehört sie in den ernsten Teil der Festlichkeit. Hat dagegen der Festredner eine humoristische Rede vor, so muß diese gehalten werden, wenn schon die Stimmung vorgeschritten ist. Dieser Wechsel vollzieht sich oft sehr schnell unter der Wirkung von Alkohol. Der Redner kann damit rechnen, daß der Alkohol die Kritikfähigkeit seiner Zuhörer etwas herabsetzt, er darf aber nicht darauf spekulieren.

Eine eigentlich nicht sehr glückliche Einrichtung sind die *Tischreden;* dienen sie doch nur bei höchster Kürze zur Würze eines Mahles. Man muß dabei bedenken, daß die Teilnehmer eines Festessens meist hungrig Platz nehmen und während der Tischreden das aufgetragene Essen kalt wird. Richtiger wäre es, die Reden *vor* dem Essen zu halten, aber dann fehlt die Möglichkeit zum Anstoßen, oder es wird auf leeren Magen getrunken, was nicht jeder verträgt. In England und der Schweiz werden die Tischreden *hinterher* in einem Zuge gehalten, woran Hellpach erinnert.

Von dem Chirurgen Karl Thiersch rühmt G. F. Knapp, daß er „bei Einladungen den richtigen Augenblick für Tischreden zu erfassen wußte und durch seinen sachlichen Witz die größten Erfolge erzielte, zumal in Leipzig, wo bei Tischreden viel in Worten gesündigt wurde."

Gerade bei Tischreden hat schon mancher bedeutende Mann versagt. So erzählt ebenfalls Knapp von einem Gastmahl, bei dem Piloty, als er ein angesehener Maler war, ein Hoch ausbringen wollte; er stand auf, brachte glücklich die Anrede „Meine Herren" hervor — und blieb stecken. Da erhob sich der durch seine Kenntnisse und Redegewandtheit auffallende Maler Dietz und rief: „Piloten reden nicht, sie steuern bloß."

Als Siegfried Wagner sein Dirigentendebut in Bayreuth 1894 mit einer Teilaufführung des „Freischütz" im Opernhaus beging, bat seine Mutter, Cosima Wagner, Siegfrieds Lehrer Humperdinck, einige Worte beim Abendessen zu sprechen. Sofort stand er auf, blickte freundlich lächelnd um sich, rieb sich die Hände, räusperte sich und setzte sich wieder hin, ohne ein Wort gesagt zu haben. Der bekannte Archäologe Reinhard Kékulé sagte dazu: „Das ist die beste Rede, die ich je gehört habe."

Da die Tischreden mit unseren Trinksitten gekoppelt sind, werden sie auch in Büchern über den guten Ton behandelt, z. B. bei G. Chamrath, G. v. Löcknitz, H.-O. Meißner, Erika Pappritz-Karlheinz Graudenz, K. v. Weißenfeld, I. Wolter-Rosendorf.

Erfahrungen mit Tischrednern und (teilweise eigenen) Tischreden bringen viele Autobiographen, von denen hervorgehoben seien: H. F. Blunck, Oberpräsident E. v. Ernsthausen, der Zahnkliniker H. Euler, W. Hellpach, Elly Heuss-Knapp, der Orthopäde Albert Lorenz, A. Mast, H.-O. Meißner, B. Naunyn, Hofprediger Rogge, G. Santayana, W. Weisbach, Kaiser Wilhelm II. sowie Romane von Freytag, K. Martens, W. Speyer, und E. v. Wolzogen.

Im Ausland und auf Überseefahrten finden wir — hier schon infolge der Vielsprachigkeit — andere Gepflogenheiten bei Tischreden, über die u. a. orientieren: H. Eckener (Chikago), H. Grünfeld (Moskau), E. Kühnemann (USA), R. Nadolny (Schweden), W. Ostwald (nach und in USA), P. Rohrbach (Südamerikafahrt).

Eine mißliche Sache ist es für Viele, als Gefeierter oder Jubilar *antworten* zu müssen, wenn man dabei auf die Redner in ihrer Reihenfolge kurz eingehen, für jeden ein passendes Wort der Erwiderung finden will. Im wesentlichen wird man sich hierbei ans Danken halten, den Dank auch auf die Mitarbeiter, Freunde und Verwandten übertragen, deren Anwesenheit diesen Tag festlich gestaltet.

Beispiel einer besonders geistreichen, formvollendeten, überströmenden Dankesrede bietet die von Walther Rathenau bei der „Abendlichen Begegnung von

Freunden“ an seinem 50. Geburtstag gehaltene Tischrede.

Ein Kapitel für sich bilden die *Grabreden*, wobei den Toten oft Dinge nachgesagt werden, die sie entweder selbst nicht geglaubt haben oder gar nicht hören wollen. Otto von Taube hat sich an fast allen Grabreden im Deutschen Reiche gestoßen, weil sie allerlei von Verstorbenen erzählen, was doch alles angesichts des Todes völlig gleichgültig ist, und er findet es unpassend, die Hinterbliebenen mit Lobhudeleien und Anekdoten abzuspeisen.

Zu den ergreifenden Grabreden gehört die berühmte Rede, die Richard Wagner 1844 bei der Rückholung der aus London überführten Leiche Carl Maria von Webers (gest. 1826) in Dresden gehalten hat, ebenso die Gedächtnisrede Walther Rathenaus am Tage der Beisetzung seines Vaters Emil Rathenau am 23. Juni 1915 in Oberschöneweide.

Auch Walter de Gruyter, dessen Redekunst im Buchhändler-Börsenverein geschätzt wurde, hat nach Schilderung seines Biographen W. Lüdtke am Grabe seines Vaters eine wundervolle Rede gehalten.

Lesenswert ist die sehr bekannt gewordene Rede Hellpachs bei Eberts Tode, die einzige Grabrede, die er je gehalten hat.

Hellpach, damals Staatspräsident von Baden, hatte den ersten Teil seiner

Ansprache am Sarge Friedrich Eberts
auf dem Heidelberger Bergfriedhof am 5. März 1925

auf das durch kraftvolle Vertonung Hugo Wolfs bekannte Eichendorffsche Gedicht „Der Freund“ gestellt:

„Wer auf den Wogen schliefe,
Ein sanft gewiegtes Kind,
Kennt nicht des Lebens Tiefe,
Vor süßen Träumen blind.
Doch wen die Stürme fassen
Zu wildem Tanz und Fest,
Wen hoch auf dunklen Straßen
Die falsche Welt verläßt:
Der lernt sich wacker rühren!
Durch Nacht und Klippen hin
Lernt er das Steuer führen,

Mit sichrem, ernstem Sinn;
Der ist von echtem Kerne,
Erprobt zu Lust und Pein,
Der glaubt an Gott und Sterne —
Der soll mein Schiffmann sein!"

„Trauernd Versammelte! In Deutschlands napoleonischer Erniedrigung vor hundert Jahren dichtete Joseph von Eichendorff diese Strophen, und, wie so vieles von damals in unserer Gegenwart sich wiederholt zu haben scheint, könnte nicht auch dieser Zuruf des Dichters unseren Tagen gelten? Gelten dem deutschen Volke, das des Lebens Tiefen zu kennen verlernt hatte, weil es, von einer Welle allzu raschen materiellen Wohlstandes emporgetragen, auf den Wogen der politischen Brandung schlafen zu dürfen wähnte gleich einem gewiegten Kind? Blind geworden in den süßen Träumen eines Zeitalters, das den Schein an die Stelle des Wesens, die Pose an die Stelle der Haltung, die Phrase an die Stelle der Wirkung gesetzt hatte?

Dieses Volk faßten die Stürme von Krieg, Zusammenbruch und Umsturz, und in wilde Tänze gerissen, fand es sich auf dunklen Straßen von der Welt verlassen. Aber könnten dann die letzten Zeilen dieses Gedichtes nicht auch dem teuren Toten gelten, den wir hier bestatten? Ihm, der durch Nacht und Klippen unseres Niederbruches hin das Steuer geführt hat mit sichrem, ernstem Sinne? Was könnte von ihm Wesenhafteres gesagt werden, als daß er an Gott und Sterne seines deutschen Vaterlandes glaubte und nur darum zu vollbringen, ja nur darum anzutreten vermochte, was er im dunklen Spätherbst vor sieben Jahren antrat und vollbrachte? Das Volk hat es gespürt, daß hier einer war, dem die Sterne noch leuchteten durch jene tiefe Nacht, in der die Berufensten flüchteten und die Bewährtesten die Arme sinken ließen. Und als er das Staatsschiff ein kurzes Ende Fahrt durch die ärgsten Klippen gesteuert, damals 1919, rief das Volk bis tief in die Reihen derer hinein, die ihn später wieder als eine falsche Welt auf hoher Straße verließen: Der soll mein Schiffmann sein!

Das Volk spürte ihn als Fleisch von Volkes Fleisch und Blut von Volkes Blut. Aus den Reihen des Volkes kam er, wie ein schlichtes Volkskind erprobt zu Lust und Pein; in diesem alten engen Gassengewinkel von Heidelberg war er emporgewachsen, Neckar und Odenwald, Schloß und Brücke hatten sich in den regsamen Augen des einfachen Schneiderbuben gespiegelt, das Doppelerbteil kurpfälzischer Wesensart war ihm mit auf den Weg gegeben: das herzliche, sonnige Lebensbehagen und das resolute, tatkräftige Zupacken im Ernstfalle: Genießen und Wirken, die beiden Seiten jedes vollsaftigen Lebens, dem Dasein sich hingeben und dennoch es meistern! Nun kehrt er, ein Menschenalter, nachdem er die Heimat verlassen, in die Heimat zurück — aber nicht zu einem friedlichen Lebensnachmittag, wie er ihn sich so manchmal geträumt, sondern nur noch zur ewigen Ruhe seiner sterblichen Überreste; zurück in die Neckarheimat, zu der ihn schon während der letzten Jahre (so manches Mal hat er auch mir davon geplaudert) Unterländers Heimweh mit allen innersten, stetig wachsenden Kräften zog."

In einem zweiten, noch längeren Teil sprach Hellpach den Toten in direkter Rede an.

Aus dieser berühmten Trauerrede mit ihrer farbenreichen Diktion wie auch der tiefschürfenden Interpretation des vorangestellten Textes in thematischer Durchführung lernen wir viel Positives und auch etwas Negatives: Ist hier nicht in Detailmalerei und Milieuschilderung des Guten ein wenig zu viel getan, der Bogen der Konzeption nicht zu weit gespannt worden, wenn man bedenkt, daß nach den vorangegangenen Ansprachen anderer Persönlichkeiten bei der letzten, wenn auch schönsten, aber zu lang geratenen Rede Ermüdung eintreten mußte? Wenn man ferner die äußere Situation berücksichtigt: eine Feier im Freien auf hochgelegenem Friedhof, wobei die Verständlichkeit sehr von der Witterung abhängt und unter Hunderten vielleicht nur wenige Dutzende Teilnehmer genügend Hörsamkeit haben dürften, zumal eine ambulante Lautsprecheranlage auf Bildern des Beisetzungsaktes fehlt.

So heißt denn die Aufgabe für Redner in solchen Fällen: sich den äußeren Gegebenheiten *anpassen* können, nicht Reden vorbereiten und halten, die eigentlich nur beim *Lesen* zur vollen Würdigung kommen können.

Theodor Heuss hat es bei dem traurigen Dienst einer Grabrede immer so gehalten, *als ob der Tote selbst zuhöre.* Das allein gebe ihm die innere Freiheit und sichere die gemäße Tonlage.

So bekannte Heuss bei seiner

Trauerrede für Hans Böckler in Köln am 21. Februar 1951:

„... Ich möchte nicht haben, daß Menschen, die ihm nahestanden, meinen, ich habe mir einen Böckler zurecht gemacht, wie er für solch eine Rede geeignet sei..."

Demgegenüber gibt es aber auch völlig verunglückte Grabreden, wie wir aus den Amtserfahrungen der Pfarrer Geyer, Keßler und Rittelmeyer wissen.

Eine stille Kranzniederlegung ist das beste Mittel, rednerische Entgleisungen oder Blamagen zu verhindern.

Gute und schlechte Eindrücke von Grabreden bringen W. Bonsels, der Landarzt P. Bertololy, B. v. Deimling, der wegen einer Rede für einen im Duell gefallenen Offizier seines Regimentes Presseangriffe erfuhr, H. Eulenberg, Viscount Goschen von der Beerdigung des Verlegers Georg Joachim Göschen, der durch einen seiner Freunde menschliche Würdigung fand, Chr. Heer von einer Trauerrede Sudermanns für A. v. Kröner, Monika Mann über ihren Vater, Thomas Mann in „Die Bekenntnisse des Hochstaplers Felix Krull", Müller-Partenkirchen, F. Schumacher über die Totenfeier für Nietzsche, Leo Slezak, Jakob Stab, L. Stein, Rudolf Steiner, der Arzt Stromeyer und A. Freih. v. Vietinghoff-Riesch; dieser erlebte mit eigenen Ohren, wie einem Bierverleger, der sich zu Tode getrunken hatte, am offenen Grabe ehrend bestätigt wurde, daß er ein Opfer seines Berufes geworden sei.

Bei Gelegenheitsreden, insbesondere bei Grabreden, gelte der harte Ausspruch Strindbergs über Björnsen als Mahnung: „Unwahr wie ein Festredner". Tatsächlich kann ein — begeisterter oder gerührter — Feierredner in guter Absicht oder unbewußt durch Übertreibungen leicht an die Grenzen des Unwahren kommen.

Als das Muster einer geschickten Gelegenheitsrede durch Verbindung weltpolitischer Betrachtungen mit Weihnachtsgedanken ist die von Winston Churchill zu bezeichnen, die er im Dezember 1941 vom Balkon des Weißen Hauses vor dem Weihnachtsbaum hielt, als Amerika in den Krieg eingetreten war: Er sei zwar fern von der Heimat und Familie, doch fühle er sich hier nicht als Fremder, sondern wolle die Weihnachtsfreude mit den Amerikanern teilen. An diesem ungewöhnlichen Kriegsweihnachten lenkt er die Blicke über die kriegerischen Aktionen zu den Kindern, denen die Weihnachtsfreude nicht getrübt werden möchte; sie sollen in einer freien Welt leben können.

Wer sich zum Halten von *Stegreifreden* nicht in der Lage fühlt, soll sie ruhig ablehnen und auch nicht der Laune einiger Anwesender nachgeben, die vielleicht eine solche Rede nur zur Belebung der Unterhaltung wünschen. Wie man in der Fachwelt über Stegreifreden denkt oder wenigstens dachte, zeigt das von Damaschke mitgeteilte Beispiel: etwa 340 n. Chr. traten in Athen 6 Bewerber um einen Lehrstuhl für Rhetorik auf, ihre Probereden erwiesen sich als gleichwertig, so daß Stegreifreden den besten ermitteln sollten. Fünf von ihnen lehnten eine solche ab, „weil sie nicht gewohnt seien, Reden auszuspeien, sondern Reden auszu*denken*". Deshalb sprechen gerade gebildete Menschen schlecht aus dem Stegreif, wie Swift bemerkt hat. Nach Cormenins ebenfalls negativem Urteil „wissen die Redner aus dem Stegreife sehr wohl, womit sie anfangen, aber der Gedanke, womit sie schließen sollen, setzt sie in Verlegenheit".

Die gedruckt erhältlichen Festreden, meist wortreich und voll tönender Phrasen, sind höchstens als Anregung zu gebrauchen, da sie die personellen, situationsbedingten oder betriebseigenen Gegebenheiten nicht berücksichtigen, so daß auch Anlässe zu humorvoller Ausgestaltung fehlen. Statt mit fremden Gedanken eigene Geistesproduktion vorzutäuschen, ist es ratsamer, einen passenden Vers oder Spruch ausfindig zu machen und diesen individuell auszulegen.

Die Überreichung eines Geschenkes oder dreifaches Hoch auf das zu feiernde Objekt bietet einen unfallfreien, guten Schlußhöhepunkt.

b) Gerichtsreden

Gerichtsreden haben wohl die längste Tradition aufzuweisen; denn die antiken Reden von Demosthenes, Cicero, Quintilian u. v. a. waren vorwiegend Gerichtsreden bei Staatsprozessen, das Gericht also geradezu die Wiege der Redekunst. In neuerer Zeit haben die Reden von Advokaten in Frankreich eine Rolle gespielt. Es sind aber auch Verteidigungsreden berühmt geworden, von Angeklagten in eigener Sache gehalten, wobei weniger das Juristische als starke Gefühlswirkung ins Treffen geführt wurde.

So z. B. Friedrich List in seiner Verteidigungsrede gegen Anklage der „Verleumdung“: „Meine Herren! Ich hege zu Ihrer Gerechtigkeitsliebe, zu Ihrem Eifer für die Erhaltung des konstitutionellen Rechtes des Volkes und für die Freiheit der Kammer die Überzeugung, daß Sie in dieser Sache eine Entscheidung fällen werden, die der Repräsentation eines freien Volkes würdig ist, eine Entscheidung, die Ihnen den Beifall Ihrer Kommittenten und die Achtung des ganzen deutschen Vaterlandes sichern wird.“

Als der Dichter Prof. Lic. Gottfried Kinkel wegen seiner Beteiligung am Pfälzer Aufstand und als badischer Freischärler sich am 2. Mai 1850 vor den Kölner Assisen zu verantworten hatte, ließ er seine denkwürdige Verteidigungsrede in eine rhetorisch meisterhafte Steigerung ausklingen: „Da habe auch ich zur Muskete gegriffen. Ich hielt es für Recht und Pflicht, das zu tun, und Ihnen, meinen Richtern gegenüber, erkläre ich auch jetzt, ich glaube, daß ich Recht tat. Das furchtbare Unglück, das mich seitdem betroffen, gab mir wenigstens die Hoffnung. daß ich nicht nötig hätte, an dieser Stelle meine persönliche Ehre zu verteidigen. Aber auch die Hoffnung ist mir geraubt ... Über meinen Charakter mag die Nation urteilen, und ich glaube, die Nation hat bereits geurteilt.

Wir haben nicht gesiegt, und weil wir nicht gesiegt, fällt auf unsere Namen die Schmach der verfehlten Unternehmung. Eine andere Frage ist es, ob wir jetzt nach unserer Niederlage strafbar sind nach den Artikeln des Gesetzes? Wir sind nicht strafbar, weil die Voraussetzungen nicht wahr sind, unter denen die Strafbarkeit eintritt.

Ich appelliere nicht an Ihr Mitleid, meine Herren, nicht für meine Genossen, denn diese fordern für ihre lange Kerkerhaft kein Mitleid, sondern Genugtuung. O, meine Herren, ich habe es in den letzten 14 Tagen empfunden, was die Heimat ist. Wer so leidet, wie ich, für den hat auch das Fallbeil, welches der Herr Staatsprokurator für unsere Nacken fordert, keine Schrecken mehr. Ich habe gesprochen! Urteilen Sie! Ich fordere Gerechtigkeit, keine Gnade!"

Für seine letzte, mehrfach erwähnte Rede hatte Ferdinand Lassalle, ein Meister der Verteidigung, einen besonders effektvollen Schluß gewählt, der, nach Paul Lindau, einer Stelle in den Memoiren von Beaumarchais fast wörtlich nachgebildet war: „Meine Herren, wie diese Bewegung aus meinem Gewissen hervorgegangen ist, so wende ich mich an Ihr Gewissen bei diesem Urteil. Wenn Sie sich nur mit der Hälfte jener Gewissenhaftigkeit und Objektivität bei diesem Urteil prüfen, mit welcher ich mich prüfte, als ich das Banner dieser Agitation erhob, so ist jede Verurteilung absolut unmöglich! Dann erlauben Sie mir mit einer Versicherung zu schließen, die Sie nicht als ein *rhetorisches Kunststück*, sondern als den tiefsten Ausdruck meiner sittlichen Überzeugung betrachten wollen. Es ist hart für einen Mann meines Alters und meiner Lebensgewohnheiten, auf zwölf Monate, ja nur auf zwölf Tage ins Gefängnis zu gehen, und es steht in dieser Hinsicht nicht alles mehr bei mir wie in meiner Jugend, wo ich mit derselben Gleichgültigkeit ins Gefängnis ging, wie ein anderer zum Ball! Aber trotzdem: lieber wollte ich mein Lebtag nicht wieder die Nacht des Kerkers verlassen, als dieses Urteil gefällt zu haben!"

Unsere Beispiele zeigen die rhetorische Taktik der Angeklagten, aus der Verteidigung herausgehend selber zum Ankläger zu werden, mindestens aber an Einsicht und Gewissen des Gerichtshofes kräftig zu appellieren. Ein Parallelfall zu Gesells Verteidigungsrede findet sich schon bei Lothar Bucher, der nach seiner Flucht 1850 eine Antwort an den Staatsanwalt veröffentlichte, die er nicht hatte halten dürfen; er hat sich dabei bemüht, so zu schreiben, wie er gesprochen hätte.

Man muß freilich damit rechnen, daß der Gerichtshof auf eine vorbereitete Rede verzichtet, wie es der Verfasser selber einmal, als Zeuge in Moabit geladen, zum eigenen Bedauern erlebte. Auf jeden Fall empfiehlt es sich, als Sachverständiger, Gutachter, Zeuge oder Angeklagter rednerisch vorbereitet den Gerichtssaal zu betreten. So wünscht Duisberg von den Chemikern, daß sie bei Patentprozessen ihres Faches den Anwalt im Gerichtsverfahren unterstützen können.

c) Rundfunkreden

In den 20er Jahren bereitete die neuartige und ungewohnte Situation des Radios, eine Rede ohne sichtbare Zuhörer zu halten, selbst versierten Rednern Unbehagen; so erzählt Dessoir von Maximilian Harden: „Bei seiner ersten Ansprache im Rundfunk fand ich ihn in einer so sinnlosen Aufregung, daß ich fürchtete, er würde Reißaus nehmen".

Fritz Schumacher war bei seinem ersten Rundfunkvortrag sehr enttäuscht, nur ablesen zu dürfen. Der Ansager riet ihm, ja nicht zu glatt zu reden, sondern sich ein paarmal mit Absicht zu versprechen, es mache die Sendung flüssiger — „ein schwer ausführbarer Rat, denn man kann sich nicht mit Absicht beim Lesen versprechen, ohne Schauspieler zu sein".

Im Rundfunk ist die Stimme das einzige Ausdrucksmittel des Redners, denn Mimik und Gesten erreichen die Hörer nicht. Da besteht die Gefahr, mehr in die Stimme hineinlegen zu wollen als ihr zukommt, was zu falschen Betonungen führen kann. Um davor bewahrt zu bleiben, wird der Rundfunkredner so sprechen wie vor Publikum, also mit Gesichtsausdruck, Handbewegungen und Blick zu den unsichtbaren Hörern. Eine Klassifizierung der Redner in „Mikrofonstimmen" und „nicht mikrofongeeignet" ist gefährlich, da sie einen falschen Maßstab ergibt.

Wie sehr der Mangel einer Resonanz aus der Hörerschaft vom Rundfunksprecher empfunden werden kann, zeigen die Erfahrungen von Helen Keller, die ihr Publikum überhaupt nie gesehen und gehört hat: „Es war, als wenn ich zu Geistern spräche, man fühlt keine lebendigen Schwingungen, kein Füßescharren, kein Händeklatschen, nur eine ungeheure Leere, welche die Worte aufsaugt."

15. Rednerinnen

In unseren Redesammlungen (Anthologien) sind Frauen als Rednerinnen mit einer einzigen Ausnahme, Ricarda Huchs letzter Ansprache 1947, überhaupt nicht vertreten; allein dieser Mangel rechtfertigt als Ausgleich ein besonderes Kapitel.

„In häuslichen Sachen sind die Weiber geschickter und beredter, aber im weltlichen, im politischen Regiment, taugen sie nichts, dazu sind die Männer geschaffen, nicht die Weiber.“ Als dieses Lutherwort geprägt wurde, gab es weder Frauenwahlrecht noch Bürgermeisterinnen und weibliche Abgeordnete. Selbst als Königinnen waren Frauen rednerisch nicht hervorgetreten. Bismarck sagte 1895 in Friedrichsruh zu einer Abordnung schlesischer Frauen: „Ich will den Damen nicht zumuten, im Parlament Reden zu halten.“ Dieser Gedanke wirkte damals noch komisch, aber seit der grundlegend veränderten Stellung der Frau im öffentlichen Leben haben vor allem Partei-, Gewerkschafts-, Betriebs- und Elternversammlungen seit Jahrzehnten in steigendem Maße Frauen aufs Rednerpodium gebracht. Freilich mußte erst der richtige Ton gefunden werden. So berichtet Pfarrer Rittelmeyer von einer Frauenversammlung im Berliner Norden: „Da Bebel verspätet kam, fingen die Frauen von allein an zu reden. Der Himmel bewahre mich vor dieser Rotte zerfleischender Hyänen!“ Ja, die unerfreuliche und unfrauliche Erscheinung der Agitatorin wollen wir nicht sehen.

In der heißen Atmosphäre von Redeschlachten und Wahlkämpfen kann die Frau mäßigend und beruhigend einwirken, wie es Marie von Bunsen empfiehlt, so daß Rednerinnen hier ein dankbares Betätigungsfeld, ja eine wirkliche Aufgabe haben. Was Redner gelegentlich durch aggressive Härte verderben, kann eine Rednerin in der Vermittlerrolle der „besseren Diplomatin“ wieder einrenken. Von fraulichem Empfinden und Muttergefühlen getragen, wird sie freilich ihr reiches Seelenleben dabei nicht aufdecken wollen, sondern weibliche Zurückhaltung zeigen.

Prof. Dovifat hat darauf hingewiesen, daß es eine ungerechte Bewertung der Leistung von Rednerinnen wäre, wenn wir Männer sie nach dem Grade weiblicher Reize und fraulicher Anziehungskraft beurteilen, also unsere Objektivität davor kapitulieren würde.

In der deutschen Frauenbewegung war, nach den Erinnerungen Helene Langes, Auguste Schmidt als Rednerin die glücklichste Ergänzung zu der Leiterin des Allgemeinnen Deutschen Frauenvereins Luise Otto. Bei dieser bildeten die geringen stimmlichen

Mittel, stark dialektisch gefärbte Sprache und andere Äußerlichkeiten Hindernisse für große rednerische Wirkungen. Als eifrige Besucherin der Sächs. Kammerverhandlungen brachte sie allerdings eine gute parlamentarische Schule mit. Dagegen vermochte Auguste Schmidt in freier, von großen stimmlichen Mitteln getragener Sprache stets im rechten Augenblick das rechte, zu Herzen gehende Wort zu finden und auf großen Versammlungen ihrem Ideengange bis dahin völlig fremde Menschen zu bezaubern.

Minna Cauer soll durch eindringlichsten Vortrag etwas von einer Priesterin und Prophetin gehabt haben. Allerdings bemängelten — nach Else Lüders — ihre Kritiker u. a. das Fehlen einer straff gegliederten Disposition. Da sie stets ohne Manuskript sprach, wurde sie manchmal vom Gedankenflug fortgerissen, es fehlte dann eine strenge Systematik im Aufbau des Vortrages. So ist Minna Cauers Bemerkung über ihren Kriegsvortrag vom 23. Oktober 1914 begreiflich: „Es war mir sehr peinlich, daß ich den Vortrag dem Oberkommando zur Zensur einreichen mußte: der Gedanke, nicht frei sprechen zu dürfen, war mir ungeheuerlich. Erst kurz vor dem Vortrag erhielt ich das Manuskript zurück mit einigen Streichungen unbedeutender Art. Ich sprach gern — trotz des Lesens — ich konnte ja fast den ganzen Vortrag auswendig." 1920 als fast 80jährige noch mehrmals sprechend, „hatte ich mehr denn je das Gefühl des Könnens und Wirkens, das mich fast immer beim Sprechen beseelt".

Als Theodor Heuss und Elly Knapp 1908 von dem Theologen cand. med. Albert Schweitzer getraut wurden, begann auch eine für die Rhetorik fruchtbare Ehe zweier ebenbürtiger Partner. Laut ihrer Biographin, der Kultusministerin Teusch, schon 1911 in allen Teilen Deutschlands Vorträge haltend, hat Elly Heuss-Knapp später in einem mit Federzeichnungen ihres Mannes bereicherten Erinnerungsbuch ihre zunächst teilweise auch negativen Erfahrungen des rednerischen Werdeganges mit klugen Prinzipien für Redner geboten.

Ein bemerkenswertes Ereignis war ihre rednerische Mitwirkung bei einer von 800 sitzenden und 200 stehenden Zuhörern besuchten Elsässer-Versammlung in Berlin am 2. November 1918, also zu einem weltpolitisch höchst unruhigen Zeitpunkt. Beim ersten Redner gab es Zwischenrufe, die ganze Stimmung schien hoffnungslos ins alberne Auslachen des Redners hineinzugeraten. Als dritte ergriff Frau Heuss das Wort, deren Freunde befürchteten, sie würde als einziger altdeutscher Redner totgeschrieen. Aber sie sagte nach dem ersten Satz zu den frechsten Soldaten: „Gelt, ich hab Courage?" Darauf lautloses Schweigen, kein Zwischenruf, kein Lachen, Kirchenstille, dann großer Beifall. Sehr geschickt war Elly Heuss-Knapp mit eindringlichen Fragen in ihre Zuhörer gedrungen: „Liebe Landsleute! Was ist uns das Elsaß? Was ist uns das Land?" Als Schlußappell hatte sie die Anfangsfrage aufgegriffen und beantwortet: „Noch einmal, was ist uns das Elsaß? Es ist und bleibt uns die Heimat, ... "

Diese Veranstaltung zeigt deutlich, wie schnell die Stimmung zum Guten oder Schlechten ausschlagen und für den Redner gefährlich werden kann, dieser aber selbst die Möglichkeit in der Hand hat, das geistige Klima im Saal zu bestimmen, mindestens zu beeinflussen und die Resonanz zu lenken.

Es war wohl ein Höhepunkt im rednerischen Wirken voll vielfältiger Verpflichtungen für den Bundespräsidenten und seine Gattin, als Heuss bei der Eröffnung der Gartenschau in Stuttgart „der Gärtnerin seines Lebens" das Wort zu einer Ansprache übertrug.

Mit großer menschlicher Wärme appellierte die Alterspräsidentin des Deutschen Bundestages Frau Marie-Elisabeth Lüders in einer Ansprache an Heimkehrer im Lager Friedland am 9. 10. 1955, richtete sie eine Rundfunkansprache am 10. 10. 1955 an die Frauen der Heimgekehrten, um ihnen die Probleme ihres neuen Lebensabschnittes in einem fundamental veränderten Deutschland aufzuzeigen und zu erleichtern.

Diese Ansprachen bestätigen, daß Rednerinnen, wenn sie nur als Frau sprechen, am sinnvollsten ihre ureigenste Aufgabe erfüllen, deshalb überall einzusetzen sind, wo Brücken von Mensch zu Mensch geschlagen werden sollen, wobei sie instinktiv den rechten Ton zu treffen wissen.

In die Werkstatt weiblicher Rhetorik führen uns: Margot Benary-Isbert (1. Lichtbildervortrag), Verena Conzett (Weihnachtsrede und Einspringen für ihren Mann),

Marie Gallison-Reuter (1920—1925 Werbereden für Deutschland in Amerika), Zenta Maurina (als Studentin und Volkshochschuldozentin), Adelheid Popp (erste Disk.-Rede als Arbeiterin), Clare Sheridan (Vorträge in Amerika über Rußlandreise), Gertrude Stein (Vorträge in England), Marianne Weber (Vortragserfahrungen).

Eine wichtige und schöne Aufgabe zu erfüllen ist Frauen möglich, wenn sie ihren Mann *als Redner unterstützen* durch Mutmachen, Anregen, Verbessern, Anhören von Redeproben und Erkunden der Stimmung in der Hörerschaft. Einen erfreulich vorbildlichen Fall teilt die Biographin des erwähnten Dr. Mayo mit: „Mit zähem Eifer machte sich Dr. Mayo an die Aufgabe, ein besserer Sprecher zu werden. *Seine Frau ermutigte ihn* nicht nur dazu, sie half ihm auch aktiv, indem sie die Vorträge mit ihm ausarbeitete und sie sich von ihm so lange vorsprechen ließ, bis er seine Rede auswendig wußte. Frau Mayo begleitete ihren Gatten auch zu den Sitzungen. Von ihrem Platz in der letzten Reihe gab sie ihm vorher abgemachte Zeichen. Wenn sie das Taschentuch so oder so hielt, bedeutete es, daß er schneller oder lauter sprechen solle usw. Dieses Signalsystem funktionierte recht gut."

Ebenso rühmt Pfarrer Hahn von seiner Frau: „Wie oft hat sie mich ermahnt, wenn ich das Ausarbeiten unterbrach oder wenn ich das Memorieren liegen ließ. Sie war unermüdlich, mich zu bitten und auch mich zu schelten."

Während der Wahlkampagne 1955 hatte Sir Anthony Eden in seiner Frau eine entschiedene, wenn auch wohlwollende Kritikerin seiner Reden.

Auch ist es zweckdienlich, wenn die Frau eines bedeutenden und in der Öffentlichkeit stehenden Mannes fähig ist, in seinem Namen oder in seiner Vertretung eine kleine Rede zu halten. So wurde vor einigen Jahren angekündigt, daß die Frauen von amerikanischen Kongreßabgeordneten Unterricht im öffentlichen Reden nehmen, damit sie in ihrer Heimat ein paar Worte bei einer öffentlichen Zusammenkunft sprechen können. Ebenso erfahren wir von Ray, daß in einem Rednerkursus für den Nationalen Republikanischen Frauenklub in New York bisher zaghafte Frauen überzeugende Reden gehalten und die größte Freude daran gehabt haben.

Wohl das hübscheste Beispiel verdanken wir Emil Jannings, der 1926 in New York mit einem Dinner gefeiert wurde, wobei seine Frau Gussy Holl die Dankrede an seiner Stelle hielt, und dies in bestem Englisch vor 400 Menschen.

Bei den Rednerschulungen, an denen nicht selten Ehepaare teilnehmen, lassen die Frauen lieber die Männer reden, ehe sie sich zum Wort melden; aber sie überwinden ihre Hemmungen oft erstaunlich schnell am Rednerpult. In einem Kursus übte die anwesende Ehefrau nach der Rede ihres Mannes Kritik an seinem äußeren Auftreten und bat den Kursusleiter, sie darin zu unterstützen, da ihre Ermahnungen nichts nützten!

Wo Rednerinnen auftreten, geschieht es wohl weniger, um den Männern zu widersprechen, als um die weiblichen Interessen zu vertreten. Erleichternd wirkt hierbei, wenn ihre Reden nicht im gleichen Maße wie die der Männer zum Vorwärtskommen dienen müssen, also nicht ausgesprochene Lebenskampfhandlungen sind.

So kann man durchaus sagen: im richtigen Rahmen eingesetzt, steht die Frau auch als Rednerin ihren Mann.

III. Auswirkungen

16. Diskussion

Man unterscheidet die unerwartete, plötzliche Diskussion von der erwünschten und beabsichtigten Diskussion. Erstere entsteht spontan dadurch, daß irgendein Wort des Redners zu Fragen, Beanstandung, Erwiderung oder Erläuterung führt. Die zweite Art ist die eigentliche Diskussion, die geplant und organisiert wird. An ihr sind folgende Faktoren beteiligt:

1. *Der Diskussionsleiter.* Nach Begrüßung der Anwesenden und Bekanntgabe des Themas eröffnet er die Veranstaltung und erteilt das Wort zunächst an den oder die Hauptredner, später an die Diskussionsredner. Er hat die wichtige Aufgabe, dafür zu sorgen, daß sämtliche Redner die ihnen gewährte und bekanntgegebene Redezeit einhalten. Die Beobachtung der Zeit kann er auch dem Schriftführer (Protokollant) oder einem anderen Anwesenden übertragen, um vom Geistigen nicht zu sehr abstrahiert zu werden. Überschreitet ein Redner die

Redezeit, so kann ihm das Wort entzogen werden, damit nicht die Zeit für andere Redner verlorengeht. Wortentziehung findet aber auch statt, wenn Redner sich nicht ans Thema halten, sondern davon abschweifen. Sie erhalten dann eine Mahnung „Zur Sache!" Hilft dies nicht, so wird ein Ordnungsruf erteilt; letzte Möglichkeit ist die Wortenziehung. Da solche Maßnahmen nicht immer glatt verlaufen, muß der Diskussionsleiter mit Takt seines Amtes walten und so handeln, daß die Diskussion in Ordnung und der Sache dienend verläuft. Ein müßiges Unterfangen und ein falscher Ehrgeiz wäre es, die Redner zu möglichst gleichen Ansichten veranlassen zu wollen, denn es gibt überall *Meinungsverschiedenheiten*, ja, aus ihrem Widerstreit wird erst der goldene Mittelweg oder eine brauchbare Lösung gefunden.

2. *Der (Die) Hauptredner.* Als Grundlage für eine Diskussion dient ein Referat, dessen Redner deshalb Referent oder Grundlagenredner heißt. Um die Diskussion besonders anzuregen, kann noch ein zweiter Hauptredner, Korreferent genannt, gewonnen werden, der *völlig unabhängig vom ersten* und diesem gleichgestellt seine Meinung vorträgt. So hören die Teilnehmer zwei verschiedene Meinungen an der Quelle. Beiden Hauptrednern wird die gleiche Zeitdauer eingeräumt, meist 20 bis 30 Minuten.

Nach Beendigung der Diskussion erhalten die Hauptredner noch einmal das *Schlußwort*, um Anfragen zu beantworten, Angriffe abzuwehren oder Mißverständnisse zu bereinigen. Ist die Wirkung des Referates durch die Diskussion zerredet und damit verkleinert worden, so kann der Hauptredner im Schlußwort seine Gedanken noch einmal knapp und eindringlich zum Ausdruck bringen. Schließlich gibt das Schlußwort Gelegenheit, unter Umständen Korrekturen an der eigenen Meinung vorzunehmen, sich zu berichtigen oder eine Revision des bisherigen Standpunktes anzukündigen. Das ist keineswegs ein Rückzug, sondern ein echtes Diskussionsprodukt.

Die Dauer des Schlußwortes entspricht der einer Diskussionsrede, meist fünf Minuten, und darf nicht überschritten werden, sonst passiert folgendes, was Rittelmeyer berichtet: In einer Versammlung hielt der Redner in Anwesenheit seiner Gegner einen halbstündigen, recht zahmen Vortrag und forderte zur Diskussion auf, zu der er aber nicht viel Gelegenheit gegeben hatte. Den Diskussionsrednern bot sich somit wenig Anlaß zu schärferem Entgegentreten. Dann hielt der Redner ein einstündiges Schlußwort in schärfster Form und sagte alles, was seine Gegner zur Erwiderung reizen mußte. Jetzt aber konnte niemand mehr das Wort zu einer Antwort erhalten, denn nach dem Schlußwort ist Schluß.

3. *Die Diskussionsredner.* Wer als solcher auftreten will, mache sich vorher beim Anhören des Referates Notizen und komme mit diesen zum Rednerpult. Meistens spricht der Diskussionsredner von der gleichen Stelle wie der Hauptredner Es empfiehlt sich, nicht in der Gedankenfolge zu sprechen, wie sie der Hauptredner brachte, sondern nach dem Grad der Wichtigkeit. Bei Ablauf der Diskussionszeit von fünf Minuten ist dann wenigstens das Dringlichste gesagt, während nur das weniger Wichtige unausgesprochen bleibt. Selbstverständlich sind Diskussionsredner erwünscht, welche die ihnen gegebene Zeit nicht voll benötigen.

Die Diskussionsredner melden sich schriftlich, indem sie einen Zettel mit ihrem Namen beim Diskussionsleiter oder Schriftführer abgeben. Ist man unbekannt, so empfiehlt sich hinzuzufügen:

Otto Schulze, X-Partei

oder Dr. Lehmann, Vorsitzender des Y-Verbandes

Dadurch erscheint der Diskussionsredner gleich als eine umrissene Persönlichkeit, die eine bestimmte Sache vertritt. Mancher benützt dies als billige Reklame, wenn es in den Zeitungsbericht kommt. Die Diskussionsredner erhalten das Wort in der Reihenfolge der Eingänge ihrer Meldungen.

Diskussionsredner treten aus den verschiedensten Gründen auf: nur die Wenigsten im Sinne einer wirklichen Diskussion, nämlich um Fragen zu stellen, eine Gegenmeinung zu vertreten oder einen Punkt klarzustellen. Die Mehrzahl redet aus ganz anderen Gründen: sie fragen, weil sie nicht aufgepaßt haben, sie fragen nach Dingen, die gar nicht zur Debatte stehen, sie werden persönlich, statt sachlich zu bleiben, sie reden überhaupt nicht zum Thema, sondern über etwas, was sie dem Publikum vorzutragen sich vorbereitet haben, greifen Abwesende an, die sich nicht wehren können, sie sprechen, um sich wichtig zu machen, weil sie sich gern reden hören.

Mancher unterdrückt eine Diskussionsrede, weil er nicht Fachmann auf diesem Gebiete ist. Ein falscher Standpunkt! Nehmen wir beispielsweise an, ein Arzt hätte über Naturheilkunde gesprochen. Auch wer nicht die medizinischen Fachausdrücke beherrscht, kann ruhig an der Diskussion teilnehmen, wenn er etwas vorzubringen hat, eigene Erfahrungen oder Bedenken. Hier soll auch der Nichtfachmann aufstehen und sagen: „Ich bin zwar nur Laie, aber ich habe andere Erfahrungen gemacht als der Referent, nämlich ..." Es dürfte dem Fachmann nur erwünscht sein, auch Laien-Meinungen zu hören, die ein Fachgebiet wie das der Naturheilkunde nachweisbar wesentlich beeinflußt haben. Dieses Beispiel läßt sich auf viele andere Gebiete übertragen.

Wie durch eine einzige herausfordernde Zuhörerfrage am Schluß eines Vortrages dessen Wirkung vollständig zerstört werden kann, hat Cronin erzählt: Ein bekannter Zoologe, glänzend als Redner, hielt im Verein junger Arbeiter einen Vortrag. Es war starke Kost für junge Leute. Nach höflichem Beifall brachte ein Jüngling durch eine naive Frage das ganze großartige Gedankengebäude ins Wanken. Ehe der verärgerte Vortragende antwortete, erhob sich brüllendes Gelächter der Zuhörerschaft.

4. *Die Zwischenrufer.* Zwischenrufe sind spontane Reaktionen der Zuhörer etwa durch „Oho!" oder „Unsinn!", „Unverschämtheit!". Bismarck forderte solche Zwischenrufe geradezu heraus, wenn er einmal sagte: „Ja, rufen Sie, Hört! Hört!', deshalb sagte ich es nämlich."

In den meisten Fällen sind aber die Zwischenrufe als Störungen zu bezeichnen, weil dadurch der Redner veranlaßt wird, auf etwas einzugehen, was vom Bauplan seiner Rede abweicht oder wegführt. Unter diesem Gesichtswinkel müssen Zwischenrufe beantwortet werden. Überhaupt nicht darauf zu reagieren, ist auch eine Antwort; sie besagt nämlich, daß es dem Redner zu unwichtig ist, sich damit zu befassen und aufzuhalten. Bei Antworten auf Zwischenrufe empfiehlt sich die Taktik, den Zwischenrufer zu veranlassen, nachher als Diskussionsredner seinen Standpunkt vorzutragen. War sein Zwischenruf in Entfernung vom Redner und im Schutze der Masse erfolgt, so wird er wahrscheinlich schwerer den Mut aufbringen, vom Rednerpult aus seine abweichende Meinung vorzutragen. Er will ja sozusagen nur Pfeile aus dem Hintergrund abschießen, sich aber möglichst nicht zu einer Redeschlacht stellen. So werden Zwischenrufe am wirkungsvollsten abgefertigt. Es kann damit gerechnet werden, daß nach 10 oder 20 Minuten der Zwischenrufer nicht mehr interessiert ist, noch Einwände vorzubringen, weil seine den Zwischenruf veranlassende Erregung oder Gemütsbewegung bereits abgeklungen ist.

Nach den Definitionen in den Lexika und auch der rhetorischen Fachliteratur scheint eine scharfe Unterscheidung zwischen Diskussion und Debatte praktisch nicht angewendet zu werden. Für die Plenarsitzungen der Parlamente ist allerdings das Wort *Debatte* eingeführt, weil es hier um die Behandlung einer Vorlage, eines Antrages oder um die Herbeiführung eines Beschlusses geht. In den Parlaments-Ausschüssen dagegen wird diskutiert.

Über ihre Diskussionserfahrungen bei Kongressen haben sich die Professoren Driesch und Euler geäußert, ferner Coudenhove-Kalergi (in Amerika), Alfred Döblin (öffentl. Disk. in Berlin 1949), F. W. Foerster (in der Schweiz und in Stuttgart), R. Schickele (über Briand). Vielen Veranstaltungsberichten zufolge sind Diskussionen, auch in hochgeistigem Rahmen, unbefriedigend und unergiebig verlaufen.

17. Massenrhetorik

Mit der Untersuchung des Verhaltens einer Menschenmasse beschäftigt sich die *Massenpsychologie*, deren Grundlage das 1895 erschienene Buch „Psychologie des foules" von Gustave Le Bon bildet. Es ist noch heute für jeden Redeinteressenten lesenswert, ebenso die Einführung W. Moedes zur deutschen Ausgabe.

Le Bon hat zwei Grundgesetze aufgestellt: Die Masse reagiert leicht auf Gemütserregungen durch äußere Reize und Augenblicksreize, z. B. auf aktuelle Tagesereignisse wie Verbrechen, Unglücksfälle usw. Ferner zeigt die Masse eine intellektuelle Hemmung, worunter Intelligenz und Kritikfähigkeit des Einzelnen leiden: Es wird kein genauer Unterschied mehr gemacht zwischen einer bloßen Behauptung und einem Beweis. Übereinstimmung im seelischen Verhalten ergibt die *Massenseele;* sie steht tiefer als die Einzelseele, da sie entpersönlicht ist.

Heute wird die Massensuggestion mit allen Mitteln der Publizistik betrieben, dazu gehören: Gedrucktes (Zeitungen, Zeitschriften, Broschüren, Bücher), Reden, Film, Rundfunk und Fernsehen. Während Massenredner zu politischen Führern wurden resp. diese sich als Massenredner betätigten, hat auch die Wissenschaft der Massenpsychologie neue Impulse erhalten, die heute mit Experimenten, Statistiken und Testverfahren arbeitet. Philosophen wie Ortega y Gasset und George Santayana haben sich zum Massenproblem geäußert.

Kurt Baschwitz spricht von Fehlbeobachtungen der älteren massenpsychologischen Schule: Es bleibe wenig übrig von den düsteren Lehrmeinungen der pessimistischen Theoretiker über den herabziehenden Einfluß der Massenzugehörigkeit auf Denken und Fühlen des Einzelnen. Die Leichtgläubigkeit der Masse bestehe allerdings. Die Masse sei bereit, demjenigen zuzuhören, der einen starken, *imponierenden Willen* besitzt, ganz gleich, aus welchen Quellen diese Willenskraft komme.

Walter Hagemann hält nicht den klugen und starken, sondern den suggestiven „Führer" für den erfolgreichsten. Klarheit des Denkens und Handelns könne ein Hindernis für die Aufpeitschung der Leidenschaften und Instinkte der Geführten werden. Dabei finde aber keine Beschränkung auf nur niedere Triebe statt.

Wie Äußerungen von Dessoir, Maugham und Wiechert über persönliche Erfahrungen erkennen lassen, kann eine Einzelperson durchaus immun gegen Massensuggestion bleiben, was für die Kritiker, also einen ganzen Berufsstand, geradezu eine Notwendigkeit ist. Hat ein Werk im Theater, Konzert oder Kino noch so viel Beifall gefunden, darf sich der Kritiker über etwaige Schwächen und Mängel nicht täuschen lassen.

Über die von Massenrednern angewendeten Mittel orientieren uns folgende Grundsätze:

Aristoteles: je zahlreicher die Volksmenge, desto gröbere Linien, krassere Farben, schärfere Gegensätze, größere Vereinfachung.

Le Bon und W. Moede: Da die Masse ohne eigene Meinung ist, können ihr Urteile leicht aufgedrängt werden. Starke Ausdrücke werden möglichst wiederholt. Nichts wird bewiesen.

Im Institut für Propaganda-Analyse der Columbia-Universität wurden folgende Kunstgriffe zusammengestellt: Der Massenredner wendet sich an unser Haß- und Furchtgefühl, er appelliert an Mut oder Angst. Durch schöne Redensarten werden idealistische Glaubenssätze gelehrt. Zeugnisse populärer Persönlichkeiten sollen beeinflussend wirken. Es wird mit Täuschung, Halbwahrheiten gearbeitet, Mittelmäßiges als genial hingestellt. Der Redner spricht alle durch Gemeinsames verbundene Gruppen an: z. B. Protestanten oder Frauen oder Neger. Ein Massenrummel mit Symbolen, akustischen und optischen Darbietungen dient als wirksame Begleitmusik.

Mussolini sprach — in der Darstellung Dessoirs — zu einer früher nie gekannten Hörermenge im gleichen Stil wie Napoleon zu seinen Soldaten: militärisch knapp, jeden Widerspruch ausschließend, die Sätze hämmernd und gewaltig steigernd mit schärfsten Ausdrücken an seine Gegner, unterstützt von kraftgeladenen Gesten. Graf Ciano hat die in Genua im Mai 1938 gehaltene Mussolini-Rede mit der vorbereiteten Unterlage verglichen: „Alles ganz anders: es fehlte der Angriff auf Frankreich, sie war höflicher gegen die Endländer und weniger verpflichtend gegenüber Berlin. *Die Menge hat ihn mit fortgerissen.*" Hier hören wir von der Wirkung der Masse auf den Redner: sie kann ihn weitgehend beeinflussen. Eine sehr gefährliche Wirkung, wenn dadurch eine ganz neue Rede entsteht!

Hitler hat in Gesprächen mit Rauschning seine Technik als Massenredner geschildert: „In einer Massenversammlung ist das Denken ausgeschaltet. Und weil ich diesen Zustand brauche, weil er mir den größten Wirkungsgrad meiner Rede sichert, lasse ich sie alle in die Versammlungen schicken, wo sie mit zur Masse werden, *ob sie wollen oder nicht*, „Intellektuelle" und Bürger, so gut wie die Arbeiter. Ich mische das Volk, ich spreche zu ihm als Masse. Die eigentliche Führung der Masse ist nicht erlernbar. Je größer die Masse, desto leichter ist sie lenkbar. Und je eher sich die Menschen mischen, Bauer, Arbeiter, Beamter, desto eher stellt sich der typische Charakter der Masse ein. Geben Sie sich nie mit

Intelligenzversammlungen oder Interessentenvereinigungen ab!"

Hier wird man erinnert an die Warnung Carlyles: „Werde kein Volksredner! Alle Menschen verehren den gewandten Redner, und niemand weiß, was für ein skandalöser Götze er ist. Mich erfüllt dieser ‚ausgezeichnete' Volksredner mit Schrecken."

Für die Massenrhetorik seien folgende taktische Maßnahmen empfohlen: Nach dem oben Gesagten wird ein Redner weniger mit verstandesmäßig-logischen Ausführungen die Masse bewegen, wenn er auch den Verstandesmenschen und Kritikern unter seinen Zuhörern Rechnung tragen sollte. Wirksam wird er die Menschen packen, wenn er sich hauptsächlich an *Gemüt und Gefühl wendet*, ganz abgesehen davon, daß er damit die weiblichen Hörer beeinflußt; schon nach der antiken Lehre von der *rhetorischen Pathologie* sollten die Affekte = Gemütsbewegungen erregt oder auch gedämpft werden: Freude und Trauer, Liebe und Haß, Zorn und Mitleid.

Hat der Redner seine Hörer verstandesmäßig und vor allem gefühlsmäßig bearbeitet, durch rhetorische Seelenmassage „weich" gestimmt, so wird er, auf diesem vorbereiteten Boden, zu *Taten* auffordern, nämlich was die Zuhörer sofort oder in Zukunft tun resp. was sie denken sollen. Wenn Jakobus uns zuruft:

> Seid Täter des Wortes und nicht Hörer allein!

so könnte man den Satz, auf den Redner gemünzt, umprägen, etwa so:

> Rede nicht nur, um gehört zu werden,
> sondern um Taten zu erwecken!

Ist es eine Aufgabe des Redners, seine Hörergemeinschaft in *Stimmung* zu bringen, in freudige oder traurige, was mit Lachen oder Weinen Ausdruck findet, und ihre *Zustimmung* zu erlangen, was sich im Beifall kundtut, so lautet sein höchstes Tatziel, notwendigenfalls eine *Umstimmung* zu erreichen. Hierfür gibt es berühmte Beispiele:

In erster Linie die Rede Marc Antons an der Leiche Cäsars, gewiß keine tatsächlich gehaltene, sondern von Shakespeare in seinem Trauerspiel „Julius Cäsar" stilisierte Rede, die aber den lebendigsten Eindruck von antiker Redekunst und ihrer Wirkung auf die Masse vermittelt. Von Sheridans sechsstündiger Parlamentsrede gegen Hastings 1787 wird berichtet, daß sie seine Gegner zu Freunden bekehrte. Oder die Rede Abraham Lincolns im Wahlfeldzug 1858, deren Wortlaut bei Carnegie zu finden ist. Lincoln war mit Erschießung gedroht worden, wenn er sprechen werde. Trotzdem wagte er es, und seine Rede machte aus bisherigen Feinden die eifrigsten Parteigänger für seine Präsidentschaft.

Ein besonders instruktives Beispiel für Umstimmung einer Zuhörerschaft hat die neuere Zeit geliefert: 1920 sollte Kammersänger Prof. Karl Scheidemantel Operndirektor in Dresden werden, was aber das Solopersonal, nicht wegen seiner Person, sondern prinzipiell, ablehnte. Da sprach Scheidemantel:

Wenn er sich entschlossen habe, sein stilles Weimar, sein behagliches Haus, seine ihm liebgewordene Lehrtätigkeit zu verlassen, um die künstlerische Führung der Dresdener Oper zu übernehmen, so habe er, der alte Genossenschaftler, das ganz gewiß nicht aus Eitelkeit, Machtgier oder aus anderen äußerlichen Gründen getan: „*Euretwegen* will ich das alles aufgeben, *Euretwegen,* weil ich Euch in Not weiß, *Euretwegen,* um zu verhindern, daß vielleicht eines Tags ein Direktor kommt, der weder Euch noch Eure Sorgen noch die Dresdener Oper kennt, an der noch heute nach 25jähriger Tätigkeit mein Herz mit allen Fasern hängt. Wie könnt Ihr diesen Plan mit dem Hinweis auf früher vergleichen? Bin ich denn eine Hofschranze, ein Kammerherr, will ich denn als absoluter Herrscher, als Despot regieren? Bin ich nicht einer der *Euren,* der Eure Nöte, Eure Sorgen kennt, will ich denn nicht alle Fragen in enger Fühlung mit Euch beraten? Fühlt Ihr denn nicht, welch' ungeheurer Fortschritt gegen früher in dieser Berufung liegt, fühlt Ihr nicht die Größe des Opfers, das ich Euch und zwar mit freudigstem Herzen darbringen will? Bleibt Ihr aber bei Eurer Ablehnung stehen, so fahre ich noch heute ohne Groll in mein stilles Weimar zurück — gegenüber all' dem Schweren, was mich hier erwartet hätte, gewiß zum größeren Segen für mich und die Meinen".

Die Wirkung dieser Worte nennt Geheimrat Adolph unbeschreiblich. Nach einem Augenblick des Schweigens wurden Scheidemantel stürmische Ovationen dargebracht, begeisterte Zustimmung folgte, die Situation war gerettet. Scheidemantel wurde am 1. Februar 1920 Operndirektor.

Außer der inneren Gestaltung der Rede spielen auch noch andere, äußere Faktoren mit:

1. Zu welcher *Tageszeit* die Rede stattfindet: Wir sind durch Besuch von Theater, Kino und Musikaufführungen gewöhnt, vorwiegend *abends* bei künstlichem Licht künstlerische und geistige Eindrücke zu erhalten und zu verarbeiten. Freilich dürfen Besucher von Vorträgen nicht übermüdet sein und einschlafen; das kommt zwar häufig vor, aber der Redner muß sie wieder zum Aufwachen bringen.

2. Die *Zusammensetzung* des Publikums: Es ist ein Unterschied zu machen zwischen Jugend und Erwachsenen, Akademikern und Lehrlingen, zwischen Hochschülern und Volkshochschulhörern, Großstädtern und Landbewohnern.

3. Das *geistige Klima* der betreffenden Gegend, worüber Hellpach Beobachtungen gemacht hat: Die Fröhlichkeit in der Pfalz und am Mittelrhein gerät leicht in eine Ulkstimmung, während man zwischen Stuttgart und Basel mit einem Aperçu, das in Sachsen Lachsalven entfesselt, auf eisiges Schweigen stoßen kann. M. J. Bonn erzählt, wie er eine amerikanische Zuhörerschaft richtig zu behandeln lernen mußte.

4. Die *räumliche Position* der Zuhörer, bei der Georg Stieler unterscheidet: Die ganz vorn Sitzenden sehen und verstehen den Redner mühelos, sie haben das Bewußtsein des Wechselverkehrs, hier ist die „Wetterseite", hier sind sie im „Strom", entfernt vom Ausgang, dahinter ein Wall von Menschen. Dagegen trennt die hinten Sitzenden vom Aktionszentrum eine Mauer von Leibern, sie werden viel weniger berührt von den Vorgängen vorn, hier fließt der „Strom" weg, der Ausgang ist leicht erreichbar, sie können weggehen, sind also freier.

18. Zuhörer und Raum

Als Voraussetzung für Publikumsresonanz muß der Redner alle Zuhörer sehen können und umgekehrt diese ihn, sein Auge alle Personen und Vorgänge wahrnehmen. Wer sich nicht vom Redner angesehen fühlt, sitzt außerhalb seiner Reichweite und damit seiner Beeinflussung.

Wenn ein Redner Disziplin wahrt, wird er diese auch von seinen Zuhörern verlangen können. Dazu sind allerdings gewisse äußere Voraussetzungen nötig: Findet die Rede in einem Raum statt, der eigens für Hörzwecke gebaut ist, so kann hier volle Aufmerksamkeit der Zuhörer verlangt werden. Ganz anders dagegen, wenn die Rede in einem Gasthaussaal oder Vereinszimmer gehalten wird, wobei Bedienen, Geschirrklappern und Einkassieren erfolgt. Entweder muß der Redner diese Störungen mit in Kauf nehmen, oder es wird vorher bekanntgegeben: während der Rede findet kein Verzehr statt. Dann ist dies auch strikt durchzuführen, Unruhe nicht zu befürchten; denn Redner und Zuhörer haben ein Recht auf Schutz vor störender Ablenkung. Wie sehr die Konzentration des Redners durch unzweckmäßiges Verhalten des Publikums leidet, haben Vischer und Bumke geschildert.

Durch kleine Störungen, wie sie das Kommen und Gehen mit sich bringen, dürfen sich Redner und Zuhörer nicht beeinflussen lassen. Es ist deshalb ratsam, die *Tür* (Ein- und Ausgang) *im Rücken des Publikums* anzulegen, so daß nur der Redner sieht, was dort vorgeht, ob etwa noch Zuspätkommende Platz suchen. Es wirkt ungünstig und ansteckend, wenn die Zuhörer vorzeitig Weggehende sehen, was als Flucht gedeutet werden kann. Entstehen aber größere Störungen, die den Ablauf der Rede beeinträchtigen, so wird der Redner unterbrechen und energisch einschreiten zwecks Beseitigung der Störung, dann erst fortfahren. Dadurch tritt schneller Ruhe und Ordnung wieder ein. Auch die *Normaluhr* befinde sich im Rücken des Publikums, also gegenüber dem Redner, so daß sein Blick unmerklich die Zeit kontrollieren kann.

Unbeabsichtigte Störungen entstehen auch durch *Husten* eines Hörers. So berichtet Paul Schmidt von Locarno 1925, wo er einen akustisch sehr ungünstigen Platz hatte, — was einem Dolmetscher übrigens niemals zugemutet werden darf: „Als Stresemann gerade das Wort „Kriegsschuldfrage“ aussprach, hustete jemand in meiner Nähe, so daß mir die folgenden Worte unverständlich blieben. Auf diese aber kam es ganz besonders an. Ich befand mich in einer scheußlichen Lage. Irgend jemand fragen konnte ich natürlich in der Eile nicht. Ich nahm also mein Herz in beide Hände und sagte auf französisch die

Worte so, wie ich nach meiner Kenntnis der Sachlage glaubte, daß sie Stresemann gebraucht hätte.“

Für jeden Redner ist es erfreulich und ermutigend, in freundliche Gesichter zu blicken und sichtbare Zeichen von Interesse zu finden. So machte sich Bismarck schon ein Kopfnicken zunutze und ging darauf ein. Disziplinlos sind Hörer, die während der Rede Zeitung lesen oder gar Genußmittel verzehren, und zwar aus Zeitvertreib. Solcher Anblick darf dem Redner nicht geboten werden. Auch ist Toleranz gegenüber dem *Rauchen* nicht am Platze: Redner haben Anspruch darauf, in reiner Luft zu sprechen und nicht in blauem Dunst; es sollte vor Beginn rechtzeitig bekanntgegeben werden, wenn der Redner darauf rechnet.

Das *Mitschreiben* will richtig gehandhabt sein: ein Zuviel lenkt jedenfalls von der Apperzeption ab. Man wird deshalb nur einige wichtige Worte jeweils notieren. Naumann lehnte das Nachschreiben einer Rede ab, denn es fehle beim Lesen die Atmosphäre, in der die Rede gehalten wurde, und der visuelle Eindruck des Redners. Er bezeichnet die *stenographischen* Niederschriften als ein Unglück, da der Stenograph z. B. nicht wiedergeben kann, was betont oder unbetont gesagt wurde und nicht wissen kann, welche Interpunktionszeichen zu setzen sind, von denen der Sinn beeinflußt wird. Bismarck sagte einmal in einer Rede: „Das steht ungefähr auf derselben moralischen Höhe wie *ihre* Verdächtigungen.“ Der Stenograph hätte natürlich „Ihre“ nachgeschrieben. Aber die Versammlung war schon unruhig geworden durch Murren, da sie das Pronomen „ihre“ auf sich bezog. Der Kanzler stellte es richtig: „Nicht Ihre, sondern die Presseverdächtigungen gegen die Regierung.“

Wenn der Redner Witz und Humor entfaltet hat, muß er selbstverständlich auch seine Zuhörer *lachen* lassen, das darf er nicht als Störung betrachten, sondern als ein wichtiges Plus für Wirkung und Erfolg.

Auch der *Beifall* sollte dem Redner willkommen sein, er muß ihn unbedingt sich entfalten und auswirken lassen. Naumann sprach nicht auf den Beifall hin, die Unterbrechung der Rede war ihm mehr störend als erwünscht, er wies sie mit einer halbverlegenen Handbewegung zurück. Das war, so sagt sein Biograph Theodor Heuss, im politisch-technischen Sinne unklug, und man mußte ihm gelegentlich eine Belehrung geben, daß die Leute klatschen wollten und sich das in dem Bericht gut ausnehme; er lachte darüber mit Verständnis, hielt sich aber nicht an diesen Rat.

Auch Paul Schmidt bringt wichtige Erfahrungen mit dem Beifall: In Genf 1926 „war ich besonders froh, daß in der französischen Fassung an den Stellen, an denen bei Stresemann geklatscht worden war, auch bei mir Beifall gespendet wurde, und daß am Schluß ein sehr beachtenswerter Applaus die französische Worte Stresemanns anerkannte". Schmidt hat „später manchmal ausdrücklich die Weisung erhalten, dafür zu sorgen, daß bei dieser oder jener Stelle der Übersetzung applaudiert würde, und ich habe mir dann oft damit geholfen, daß ich hinter solchen Stellen besonders lange Pausen machte und innerlich den Zuhörern zurief: ‚Wollt Ihr wohl klatschen' — was auch meistens half."

Wenn während einer Rede plötzlich das *Licht versagt,* kann vom Redner nicht ohne weiteres erwartet und verlangt werden, daß er im Finstern auswendig weiterspricht. Vielleicht will er gerade aus Unterlagen etwas wörtlich zitieren. Abgesehen davon hat er im Finstern keinen Kontakt mehr mit seinen Zuhörern, und diese können sich keine Notizen machen. Deshalb sollte der Redner die Zeit bis zur Behebung des Schadens benützen, um das bisher Gesagte noch einmal zu rekapitulieren oder Fragen zu stellen; doch haben ihren Vortrag weitergehalten, als sei nichts geschehen: M. J. Bonn während einer Verdunkelungsübung in Los Angeles, A. Forel in Budapest, Generalmajor Fuller 1917 in Frankreich und Zenta Maurina in Detmold, auf der Flucht befindlich.

19. Raum und Hörsamkeit

Die von uns schon früher geforderte unbehinderte Sicht zwischen Redner und Zuhörer ist auch aus Gründen genügender Verständlichkeit notwendig: ein Redner, den man nicht sieht, ist auch schlecht zu verstehen. Es geht also die Hörsamkeit Hand in Hand mit der guten Sicht.

Im Raume wird die Schallwelle, vom Munde des Redners ausgehend, an den Wänden reflektiert, es bilden sich reflektierte Schallwellen in so rascher Folge, daß unser Ohr sie als einen zusammenhängenden Ton wahrnimmt. Das ist die Erscheinung des *Nachhalles.* Füllt dieser Nachhall nur die Pausen zwischen zwei gesprochenen Silben oder musikalischen Tönen, bleibt er erträglich, wächst er aber durch Umwege und Verspätungen so an, daß er mit den nachfolgenden Silben oder Tönen zusammenfällt, entsteht Unverständlichkeit und Unklarheit, die das Hören unmöglich machen kann.

Man baut deshalb vorwiegend langgestreckte und nicht zu hohe Räume. In solchen mit Kuppeln wird der starke Nachhall schon nach einem Husten deutlich. Störender Nachhall kann auch durch eine Behandlung der Oberflächen bekämpft werden, indem schallabsorbierendes Material an Decke und Wänden angebracht wird. Freilich ganz unterdrückt werden darf der Nachhall nicht, in einem solchen Raum würde die Rede trocken und gehaltlos klingen. Es ist Aufgabe der jungen Wissenschaft der Raumakustik und ihrer Praktiker, in jedem Raum den ihm angemessenen Nachhall zu erzielen, und zwar schon bei der Projektierung am Modell.

Um die Verständlichkeit des Redners zu unterstützen, stellt man ihn auf einen erhöhten *Holzfußboden,* der resonanzbildend wirkt. Diese Voraussetzung wird wohl auch in den meisten Fällen erfüllt. Weniger bekannt ist die Forderung, dem Redner eine *Rückwand* aus Holz zu bieten, die mit dem Fußboden in Verbindung steht, sozusagen aus diesem herauswächst. Das Gegenteil ist immer ungünstig: wenn nämlich der Redner hinter sich eine offene Bühne hat, die den Schall verschlingt, statt ihn in den Raum zu strahlen. Hier würde der Redner, vorn seitlich vor dem Bühnenrahmen stehend, wesentlich besser verstanden werden. Niemals darf eine Bühne ohne entsprechende Maßnahmen zum Rednerpodium werden.

Eine weitere Überwindung mangelhafter Hörsamkeit bietet ein akustisch durchgearbeiteter *Schalldeckel* über dem Redner. Wir kennen solche Vorrichtungen an Kanzeln, hier jedoch mehr als Zierat, als Attrappen angebracht — an denen merkwürdigerweise Laien wie Fachleute keinen Anstoß nehmen —, wodurch der eigentliche Zweck eines Kanzeldeckels verfehlt wird. Ein richtiger Schalldeckel bietet allerdings einen etwas ungewohnten Anblick, weil er aus hyperbolisch gewundenen Kurvenflächen besteht, in deren Brennpunkt sich der Mund des Redners befindet. Ein solches zwar eigenartiges Gebilde gewährleistet aber die gleichmäßige Verteilung der Schallenergie auf die Grundfläche des Raumes.

Die Energieverteilung des Schalles einer Rednerstimme erfolgt rechts und links von der Sprechachse in einem Winkel von je 45 Grad, also in einem *Schallkegel* von 90 Grad, innerhalb dessen die beste Hörsamkeit besteht. Natürlich nimmt diese mit der Entfernung ab, und zwar mit dem Quadrat der Entfernung.

Raumakustisch ungünstig sind seitlich vom Redner angebrachte Sitzplätze, meistens für Persönlichkeiten bestimmt, die besonders ausgezeichnet und bemerkt werden sollen, z. B. Ehrengäste. Diese sehen den Redner nur im Profil, der sich deshalb zuweilen den seitlich Sitzenden zuwenden wird, wobei er den auf der gegenüberliegenden Seite Sitzenden den Rücken zukehrt und sich von der Hauptmasse der Zuhörer abwendet.

In die gleiche Lage kommt der Redner, wenn er an der Breitseite des Saales postiert ist: Hier sitzen relativ wenige Hörer ihm direkt gegenüber, dagegen sehr viele außerhalb des Schallkegels. Er wird dieser Benachteiligung Rechnung tragend die seitlich Sitzenden abwechselnd ansprechen, wobei er sich jeweils von der anderen Seite abwendet. Er befindet sich somit ständig in dem *Dilemma:* wem er sich zuwenden soll. Selbst Lautsprecher beseitigen diese Zwangslage nicht. Hier heißt die Lösung: Schwenkung der ganzen Saaleinrichtung um 90 Grad.

Im *quadratischen Raum* wird der Redner in einer der vier Ecken placiert, von wo er diagonal zur entgegengesetzten Ecke spricht. Bei dieser Anordnung befindet sich jeder Zuhörer innerhalb des Schallkegels. Auch die Sitzreihen sind diagonal anzuordnen. Überhaupt kann eine solche Postierung des Redners, der von einer Ecke aus spricht, Schwierigkeiten in der Hörsamkeit mildern.

Der Nachhall, auch abhängig vom jeweiligen *Grad der Besetzung* eines Raumes, wird geringer bei vollem Saal, weil die Menschen und ihre Kleidung schalldämpfend wirken, er wird stärker bei leerem Saal. Sind nur wenige Zuhörer erschienen, während der größte Teil der Plätze unbesetzt geblieben ist, so empfiehlt es sich, die akustisch besten Plätze einnehmen zu lassen durch Zusammenrücken. Außerdem kann der durch den geringen Besuch entstandene Ausfall an Dämpfungsmitteln durch Stoffe ersetzt werden: durch Vorhänge, von den Wänden herabgelassen, eine Maßnahme, die bereits vorbereitet sein müßte. Bei technischen oder architektonischen Schwierigkeiten genügt auch schon Ausbreiten des Stoffes über den leeren Sitzplätzen, um eine wenn auch geringere Wirkung zu erzielen. Als Regel gilt: für jeden leeren Sitzplatz mindestens 1 qm Stoff. Wenn ein größerer Raum durch *ambulante Trennungswände*, sei es einen starken Vorhang oder Klapptüren, in zwei kleinere Räume geteilt werden kann, läßt sich die Hörsamkeit der Besucherzahl leichter anpassen.

Somit gibt es genügend Maßnahmen, die der Verbesserung der Hörsamkeit dienen. Hierbei sei das Wort von Prof. Johannes Biehle richtunggebend: „Nicht wie sieht es aus, sondern wie *klingt* es“, d. h. gegebenenfalls müssen innenarchitektonische Ideen hinter raumakustischen Notwendigkeiten zurücktreten.

Bei den Parlamentssälen, so stellt Prof. Furrer 1956 fest, „steht die repräsentative Funktion immer im Vordergrund, so daß die architektonische Gestaltung dadurch schon völlig bestimmt wird; die akustischen Forderungen sind damit *meist nicht in Einklang zu bringen.*“

Während dem Redner die beste Schallentfaltung gegeben werden muß, ist für den Fußboden des Raumes schalldämpfendes Material erwünscht, damit das Kommen und Gehen, Platznehmen und Aufstehen möglichst geräuschlos erfolgen kann. Die Gänge erhalten deshalb Belag.

Von Architekten mit rhetorischer Erfahrung dürfte beim Planen und Bauen von Räumen zu Redezwecken besonderes *Verständnis* für gute Hörsamkeit erwartet werden.

Der Redner selbst muß sich aber auch der Raumakustik in der Lautstärke *anpassen* können. Bei störendem Nachhall ist die Sprache zu verlangsamen, denn das Redetempo wird durch die Nachhalldauer gegeben. Von den gesprochenen Lauten bemächtigt sich der Nachhall in erster Linie der klangvollen Vokale und überdeckt dadurch die Konsonanten. Aus raumakustischen Gründen kann daher gegebenenfalls die Notwendigkeit entstehen, die Vokale möglichst tonlos zu geben, während bei den Konsonanten länger und geräuschvoller verweilt wird, ja sogar die stimmhaften Verschlußlaute b, d, g schärfer, nicht als weiche Konsonanten auszusprechen.

Die Verständlichkeit hängt sehr von der Güte des jeweiligen Sprechers ab und außerdem wesentlich davon, wie weit die Sätze oder auch nur die einzelnen Worte bekannt sind und somit fehlende Lücken aus dem Zusammenhang erraten und ergänzt werden können. Nach Dr. Cremers Erfahrungen ist eine Silbenverständlichkeit von 70 % bereits als ausreichend anzusehen, um einem zusammenhängenden Text mühelos zu folgen; jedoch sind noch höhere Prozentzahlen der Silbenverständlichkeit erstrebenswert.

20. Nachwirkungen

Ziemlich allgemein finden wir bei verantwortungsbewußten und selbstkritischen Rednern die Unzufriedenheit mit der Leistung, was Rittelmeyer den Katzenjammer nach der Rede genannt hat:

„Das hättest du sagen sollen!
Das hätte schlagend gewirkt!
So hättest du es sagen müssen!
Jetzt ist es zu spät!
Du hast deine Sache schlecht vertreten!"

Freilich dürfen solche Selbstvorwürfe keine pathologischen Formen annehmen, sondern sollen eher zu positiven Maßnahmen führen: was beim nächsten Male besser zu machen ist. So darf auch ein Mißerfolg niemals entmutigen, sondern höchstens als ein kurzes Abirren vom richtigen Wege zum Rednererfolg betrachtet werden.

Für diesen und seine Ausstrahlung in die Breite ist von entscheidender Bedeutung, was die Presse berichtet. Wenn der Redner hierbei oft enttäuscht ist, sollte er sich fragen, ob er selbst alles getan hat, um die Berichterstattung zu erleichtern.

Fast täglich lesen wir Berichtigungen in der Zeitung, weil etwas Falsches über eine Rede gebracht worden war. Wie kam es dazu? Der Redner hatte *undeutlich* gesprochen, ein wichtiges Wort, ein Zusammenhang war nicht verstanden worden. Dann war es *seine* Schuld, und es muß ihm eine Warnung sein, in Zukunft wichtige

Dinge mit höchster Deutlichkeit und phonetisch klar auszusprechen.

Folgenreich können auch *mißverständliche Äußerungen* eines Redners werden; das hat Graf Czernin als österr. Außenminister mit seiner über „Die Politik im Weltkriege" gehaltenen Rede vom 11. Dezember 1918 erlebt, durch die — nach seinem späteren Eingeständnis — zwei Mißverständnisse entstanden waren, die er zu spät berichtigte: „Ich habe sagen wollen ... Ich wollte sagen ..."

Aber es bestehen noch andere Fehlerquellen für die Berichterstattung: durch *Hörfehler* bei der telefonischen Durchsage des Berichtes an die Redaktion, schließlich durch die genugsam bekannten *Druckfehler*, also Versehen, gegen die man als Redner natürlich machtlos ist.

Berichterstatter, die so zu placieren sind, daß sie gut hören, sehen und bequem schreiben können, haben, schon aus redaktionellen Gründen, oft nicht die Zeit, eine Rede von Anfang bis Schluß anzuhören. Sie begnügen sich dann mit einem Gesamteindruck von Rede, Redner und Zuhörern. Da ist es ratsam, den Pressevertretern am Saaleingang, auf ihren Ausweis hin, einen Waschzettel von *Leitsätzen* überreichen zu lassen, vielleicht 3 bis 6 Sätze in druckfertiger Form. Mit diesen in der Tasche kann der Berichterstatter das Wesentlichste der Rede *zutreffend* wiedergeben, auch wenn er nicht alles selbst mit angehört hat. Das ist ein Vorteil für alle Beteiligten: Redner, Journalisten und Leser.

Erfahrungen mit Leitsätzen haben neuerdings veröffentlicht: Aug. Horneffer, der sie bei Tagungen bekanntgab, und R. R. Rive, der sie schriftlich allen Teilnehmern zur Beschlußfassung vorlegte.

Der Journalist ist auch von dem ihm bewilligten Zeilenumfang abhängig, worauf Dr. Funder auf Grund seiner Parlamentserfahrungen als Redakteur hinweist: „Der Laie kann sich kaum vorstellen, was es heißt, eine inhaltsreiche Rede auf einem Zehntel, einem Zwanzigstel des Raumes, den eine genaue Wiedergabe beanspruchen würde, ohne Verfälschung und Gewalttätigkeit dem wesentlichen Gehalt nach wiederzugeben. Und dies mit großer Raschheit".

Werden „Reden und Aufsätze" einer Persönlichkeit in einem Band veröffentlicht, so möchte deutlich gemacht werden, was Reden und was Aufsätze gewesen sind; denn die Wesensunterschiede in den publizistischen Mitteln werden seitens der Autoren nicht genügend beachtet. Bei der Veröffentlichung von Kongreßberichten empfiehlt sich, am Rande in Kleindruck die Reaktionen der Zuhörer mitzuteilen; so vermerkt das Protokoll der Darmstädter Tagung „Mensch und Raum“ 1951: Beifall, Trampeln, Lachen, Heiterkeit, Unruhe, Zurufe: „Zum Thema“ usw.

Leider fehlen bei den meisten gedruckt vorliegenden Reden, sofern nicht in Parlamenten gehalten, Angaben über die Art ihrer Entstehung und Erhaltung: Wurden sie ausgearbeitet und vorgelesen, nach Stichworten frei gestaltet, nachstenographiert, nachträglich aufgeschrieben oder diktiert? Auf welchen Unterlagen basiert die Drucklegung?

So war z. B. Fichtes 13. seiner berühmten 14 Reden an die deutsche Nation, am 13. März 1808 in der Berliner Akademie der Wissenschaften gehalten, nach Erteilung des Imprimatur verloren gegangen. Ihre Neufassung hat Fichte nur als eine „Inhaltsangabe“ ausgegeben. Wir haben somit nicht den tatsächlich gehaltenen authentischen Wortlaut vor uns (nach Fr. Fröhlich).

Hans Luther hat sogar einmal als Stadtrat einen völlig neuen Text zur Veröffentlichung entwerfen müssen, weil die Begrüßungsworte des Redners dem Zweck der Versammlung nicht entsprochen hatten.

Ricarda Huch notierte ihre ohne Konzept auf dem Schriftstellerkongreß in Berlin Oktober 1947 gehaltene Ansprache später aus dem Gedächtnis, weil sie den mitstenographierten Text der freien Rede für die Veröffentlichung zu formlos fand (nach Kantorowicz).

Wer seine Memoiren oder eine Autobiographie schreibt, sollte die eigenen Redeerfahrungen möglichst übersichtlich darstellen, dazu Gedanken über Rhetorik und Eindrücke von anderen Rednern. Das dürfte dem rednerischen Nachwuchs zum Nutzen gereichen.

Schließlich sei noch die ökonomische Seite erwähnt, da Rednertätigkeit auch *finanziell* von Nutzen sein sollte, wenn auch nicht in Form einer Existenz, so doch als erwünschte Nebeneinnahme. So wurden Sheridan für die Verlagsrechte seiner 1787 gehaltenen vielstündigen Rede gegen Hastings 1000 Pfund geboten. Churchill hatte sich durch Vorträge in England und Amerika über seine Kriegserlebnisse als 26jähriger schon ca. 6000 Pfund erspart außer seinen Einnahmen aus Zeitungsberichten. In London gibt es eine Agentur, die sich auf berühmte Redner spezialisiert hat, ihr Katalog bietet rund 300 Redner an, deren Honorare zwischen 40 und 400 Mark pro Vortrag liegen. Einträglich kann das Ausarbeiten von Reden sein, wie wir es schon von Isokrates wissen, der sich auch seine Lehrtätigkeit in der Ausbildung von Redeschülern gut honorieren ließ, nämlich 1000 Drachmen = 780 Mark.

Als Ernst Reuter vor dem 1. Weltkriege seine Laufbahn begann, erhielt er 3 Mark pro Veranstaltung, doch brachte eine Vortragsreise durch die Pfalz im Oktober 1913 die für ihn ungewöhnlich hohe Summe von 700 Mark.

Redenhalten sollte als geistige und physische Leistung angemessen honoriert werden unter Einkalkulierung der notwendigen Vorbereitungsarbeit.

Neben äußerem Gewinn, vor allem ideeller und auch materieller Art, ist aber die Bildung des eigenen Menschen, die Entfaltung der Persönlichkeit, die durch Rednertätigkeit erst zur vollen Reife gebracht wird, „ein Lohn, der reichlich lohnet.“

Benutzte Literatur

Es sind nur die Bücher der im Text genannten Autoren aufgeführt, nicht die übrige, sehr umfangreiche Fachliteratur der Rhetorik.

1. Spezial-Literatur

Armin, George: Die Meisterregeln der Stimmbildungskunst. 1946.

Bartning, Otto: Spannweite. Aus Schriften und Reden. Baukunst des 20. Jahrhunderts, Bd. I. 1958.

Baschwitz, Kurt: Du und die Masse. 1951.

Biehle, Herbert: Stimmkunde für Beruf, Kunst und Heilzwecke. Sammlg. Göschen Bd. 60. 1955.
— Werbe-Rhetorik. Stimme und Rede im Geschäftsleben. 1957.
— Der Betriebspraktiker als Redner. Mensch und Arbeit. 15. Nov. 1951.
— Geistliche als Redner. Deutsches Pfarrerbl. 15. Aug. 1953.
— Der Musikwissenschaftler als Redner. Musica. Januar 1957.
— Der Arzt als Redner. Münchener med. Wochenschr., 1957 Nr. 6.
— Der Politiker als Redner. Zeitschr. f. Politik, 1957 Heft 1.
— Monarchen als Redner. Der Tagesspiegel, 11. Aug. 1957.
— Wirtschaftler als Redner. Betriebswissenschaftl. Umschau, November 1959.
— Zur Methodik der Rednerschulung. Berliner Arbeitsblätter f. d. Volkshochschulen, 1958 Heft VII.

Biehle, Johannes: Theorie des Kirchenbaues. 1913.
— Das Optimal des Raumes. Die Musik. Mai 1940.

Böttcher, Helmuth M.: Walther Rathenau. Persönlichkeit und Werk. 1958.

Brather, Fritz: Freie Vorträge lebendig gestalten! Blaue Siemensreihe, Heft 17.

Bucher, Lothar: Kleine Schriften politischen Inhalts. 1893.

Fürst Bülows Reden. 3 Bände. 1907/1909.

Burggel, H. O.: Wie werde ich Redner? 1919.

Carlyle, Thomas: Aus elfter Stunde. Flugschrift.

Carnegie, Dale: Die Macht der Rede. 1946.

Chamrath, Gustav: Lexikon des guten Tones. 2. Aufl. 1954.

Clemenceau, Georges: Demosthenes. 1926.
— Die Kriegsreden, in: B. Schwertfeger: Der „Tiger", 1921.

Cormenin (Timon), W. A.: Das Buch der Redner. Nach der 11. Originalausgabe. 1848.

Cremer, Lothar: Die wissenschaftlichen Grundlagen der Raumakustik. Bd. I. 1948.

Damaschke, Adolf: Volkstümliche Redekunst. 1921.
— Geschichte der Redekunst. 1921.

Dessoir, Max: Die Rede als Kunst. 1948.

Dovifat, Emil: Rede und Redner. Meyers kl. Handb., Nr. 8, 1937.

Drach, Erich: Redner und Rede. 1932.

Fröhlich, Franz: Fichtes Reden an die deutsche Nation. Eine Untersuchung ihrer Entstehungsgeschichte. 1907.

Furrer, Willi: Raum- und Bauakustik für Architekten. 1956.

Furtwängler, Wilhelm: Gespräche über Musik. 7. Gespräch. 4. Aufl. 1953.

Gauger, Hildegard: Die Kunst der politischen Rede in England. 1952.

Gerlach: Fürst Bismarck als Redner. 3. Aufl.

Goschen, Viscount: Das Leben Georg Joachim Göschens. II. Bd. 1905.

Günther, Joachim: Gedruckte Predigten. Der Tagesspiegel, 1952, Nr. 2021.

Hagemann, Walter: Vom Mythos der Masse. 1931.

Haym, Rudolf: Reden und Redner des ersten Preuß. Landtages. 1847.

Helfritz, Hans: Wilhelm II. als Kaiser und König. Eine historische Studie. 1954.

Henkels, Walter: Zeitgenossen. 50 Bonner Köpfe. 1953.

Heuss, Theodor: Friedrich Naumann. 1949.
— Hans Poelzig. 1949.
— Würdigungen. Reden, Aufsätze und Briefe 1949 bis 1955. Herausgeg. v. Hans Bott. 1955.

Hiller v. Gaertringen, Friedrich Freih.: Fürst Bülows Denkwürdigkeiten. Tübinger Studien zur Gesch. u. Politik. Nr. 5, 1956.

Hilty, C.: Offene Geheimnisse der Redekunst. 1887.

Huch, Ricarda, in: Das Buch deutscher Reden und Rufe. Neue Ausg. 1956.

Jünemann, Hans: Die Kunst des Behaltens. Kl. Gedächtnisschule. 1938.

Kinkels Verteidigungsrede. 1850.

Kliemann, Horst: Praktikum der geistigen Arbeit. 1950.

Kröber, Walter: Kunst und Technik der geistigen Arbeit. 1950.

Kuntze, Friedrich: Die Technik der geistigen Arbeit. 1923.

Lange, Helene: Kampfzeiten. Aufsätze und Reden aus vier Jahrzehnten. 2 Bände. 1928.

Le Bon, Gustave: Psychologie der Massen. Einf. v. W. Moede. 1938.

Löcknitz, Georg v.: Über die Kunst sich gewandt zu unterhalten. Falken-Bücherei Bd. 128 (1957).

Löwenstein, Hubertus Prinz zu: Stresemann. Das deutsche Schicksal im Spiegel seines Lebens. 1952.

London, Charmian: Jack London. Sein Leben und Werk. 1929.

Lüders, Else: Minna Cauer. 1925.

Lüdtke, Gerhard: Walter de Gruyter. Ein Lebensbild. 1929.

Meißner, Hans-Otto: Man benimmt sich wieder. 11. Aufl. 1954.

Mertz-Georg: Über Stellung und Betrieb der Rhetorik in den Schulen der Jesuiten. Phil. Diss. Erlangen. 1898.

Mollat, Georg: Reden und Redner des ersten deutschen Parlaments. 1895.

Müller-Freienfels: Gedächtnis-Schulung. Siemens-Lehrg. 2. Aufl. 1933.

Naumann, Friedrich: Die Kunst der Rede. 1914.

Offner, Max: Das Gedächtnis. 1913.

Ortega y Gasset, José: Der Aufstand der Massen. 1947.

Pappritz-Graudenz: Das Buch der Etikette. 1956.

Pfister, Jos. H.: Diskussion — Turnier des Geistes. 1948.

Poelzig, Hans: Der Architekt. Rede in Berlin am 4. Juni 1931, Neudr. mit Vorbemerkung von Theodor Heuss. 1954.

Poschinger, H. Ritter v.: Fürst Bismarck und die Parlamentarier. III. Bd. 1879-1890. 1896.

Rathenau, Walther: Der Kaiser. Eine Betrachtung. 1919.
— Gesammelte Reden. 1924.
— Gesammelte Schriften. 5 Bd.

Ray, M. B.: Nie mehr müde sein. 1949.

Reiwald, Paul: Vom Geist der Massen. 1948.

Röttger, Heinz: Bismarck und Eugen Richter im Reichstage 1879-90. Diss. Münster 1932.

Kriegsminister von Roon als Redner. Vorwort von W. Graf Roon. I. Bd. 1895.

Russel-Vogt: Verkaufspsychologie für reisende Kaufleute. (1926)

Schmidt-Pauli, Edgar v.: Der Kaiser. Das wahre Gesicht Kaiser Wilhelms II. 1928.

Schüßler, Wilhelm: Die Daily-Telegraph-Affaire. Fürst Bülow, Kaiser Wilhelm und die Krise des Zweiten Reiches. Göttinger Bausteine zur Geschichtswissenschaft. Heft 9. 1952.

Specht, Fritz: Das Gedächtnis und die Gedächtniskunst. 1920.

Spurgeon, C. H.: Goldene Winke für Prediger. 1905.

Stieler, Georg: Person und Masse. 1929.

Teusch, Christine: Im Dienst der Stunde. Aus Lebensweg und Lebenswerk von Elly Heuss-Knapp. (1953)

Unger, Hans Heinrich: Die Beziehungen zwischen Musik und Rhetorik im 16. bis 18. Jahrh. Musik u. Geistesgesch. Bd. IV. 1941.

Unruh, Fritz von: Mächtig seid ihr nicht in Waffen! Reden. Mit einem Begleitwort von Albert Einstein. 1957.

Velsen, Dorothee von: Marie-Elisabeth Lüders zum 25. Juni 1958. Eine Würdigung zu ihrem 80. Geburtstag.

Wallaschek, Richard: Psychologie und Technik der Rede. 1913.

Weißenfeld, Kurt v.: Der moderne Knigge. 35. Aufl. (1955)

Wensky, Herbert: Wie schütze ich mich gegen das Steckenbleiben in der Rede? 1925.

Werner, Carl Artur: Didaktik und Methodik des Erwachsenenunterrichts. 2. Teil: Spezielle Unterrichtslehre. 1960.

Die Reden Kaiser Wilhelms II. 4 Teile. 1897-1913.

Wolter-Rosendorf, Irmgard: Der gute Ton in allen Lebenslagen. (1951)

Wunderlich, Hermann: Die Kunst der Rede in ihren Hauptzügen an den Reden Bismarcks dargestellt. 1898.

2. *Memoiren-Literatur*

Adelung, Bernhard: Sein und Werden. Vom Buchdrucker in Bremen zum Staatspräsidenten in Hessen. 1952.

Adolph, Paul: Vom Hof- zum Staatstheater. Zwei Jahrzehnte persönlicher Erinnerungen ... 1932.

Alexander von Rußland: Kronzeuge des Jahrhunderts. 1933.

Apponyi, Graf Albert: Erlebnisse und Ereignisse. 1933.

Bahr, Hermann: Selbstbildnis. 1923.

Bamberger, Ludwig: Erinnerungen. 1899.

Benary-Isbert, Margot: Mädchen für alles. Sieben Jahre Sekretärin im Völkermuseum. 1953.

Benz, Richard: Lebens-Mächte und Bildungs-Welten meiner Jugend. Dresdener und Heidelberger Erinnerungen. 1950.

Bergmann, Gustav von: Rückschau. Geschehen und Erleben auf meiner Lebensbühne. 1953.

Bernstein, Eduard, in: Die Volkswirtschaftslehre der Gegenwart in Selbstdarstellungen. 1924.

Berteloly, Paul: Im Angesicht des Menschen. Aus dem Leben eines Landarztes. 1956.

Bielenstein, A(ugust): Ein glückliches Leben. Selbstbiographie. 1904.

Bier, August: Vorwort zu: Die Jugenderinnerungen des Chirurgen Friedrich von Esmarch. 1938.

Bismarck, Otto von: Gedanken und Erinnerungen. I. Bd. 1898.

Blunck, Hans Friedrich: Unwegsame Zeiten. Lebensbericht. 2. Bd. 1952.

Bode, Wilhelm von: Mein Leben. I. Bd. 1930.

Bonatz, Paul: Leben und Bauen. 1950.

Bonn, M. J.: So macht man Geschichte. Bilanz eines Lebens. 1953.

Bonsels, Waldemar: Tage der Kindheit. 1931.

Braun, Felix: Das Licht der Welt. Geschichte eines Versuchs als Dichter zu leben. 1949.

Braun, Lily: Memoiren einer Sozialistin. I. Bd.: Lehrjahre 1909, II. Bd.: Kampfjahre 1911.

Braun, Magnus Frhr. von: Von Ostpreußen bis Texas. 1955.

Brentano, Lujo: Mein Leben im Kampf um die soziale Entwicklung Deutschlands. 1931.

Brugsch, Theodor: Arzt seit fünf Jahrzehnten. 1957.

Buchinger, Otto: Vom Marinearzt zum Fastenarzt. Metamorphosen eines Wandernden. 1955.

Buchwitz, Otto: 50 Jahre Funktionär der Deutschen Arbeiterbewegung. 1950.

Bücher, Karl: Lebenserinnerungen. I. Bd 1847-1890. 1919.

Büchsel, C.: Erinnerungen aus dem Leben eines Landgeistlichen. II. Bd., 4. Aufl. 1886.

Bülow, Bernhard Fürst von: Denkwürdigkeiten. 4 Bände. 1930/31.

Bumke, Oswald: Erinnerungen und Betrachtungen. Der Weg eines deutschen Psychiaters. 1952.

Bunsen, Marie von: Zeitgenossen, die ich erlebte. 1932.

Castelli, I. F.: Memoiren meines Lebens. I. Bd. 1914.

Cauer, Minna: Aus meinen Lehrjahren. 1909.

Cerruti, Elisabetta: Frau eines Botschafters. 1953.

Chamberlain, Sir Austen: Englische Politik, Erinnerungen aus 50 Jahren. 1938.

Churchill, Sir Winston: Weltabenteuer im Dienst. 2. Aufl. 1946.
— Amerika im Krieg. Memoiren. III. Bd. 2. Buch. 1951.

Ciano, Graf: Tagebücher 1937/38. 1949.

Clapesattle, Helen: Die Mayo-Klinik. Das medizinische Mekka Amerikas. 1948.

Conzett, Verena: Erstrebtes und Erlebtes. Ein Stück Zeitgeschichte. 1929.

Cooper, Duff: Das läßt sich nicht vergessen. Autobiographie. 1954.

Coudenhove-Kalergi, Richard: Kampf um Europa. Aus meinem Leben. 1949.
— Eine Idee erobert Europa. Meine Lebenserinnerungen. 1958.

Cronin. A. J.: Abenteuer in zwei Welten. Mein Leben als Arzt und Schriftsteller. 1952.

Curtius, Julius: Sechs Jahre Minister der deutschen Republik. 1948.

Curtius, Ludwig: Deutsche und antike Welt. 1950.

Czernin, Ottokar: Im Weltkriege. 1919.

D'Abernon, Viscount: Memoiren. 3 Bände. 1929/30.

Dahn, Felix: Erinnerungen. 5 Bände. 1890 ff.

Damaschke, Adolf: Zeitenwende. 1925.
— Aus meinem Leben. 1928.

Deimling, Berthold von: Aus der alten in die neue Zeit. Lebenserinnerungen. 1930.

Dessoir, Max: Buch der Erinnerung. 1947.

Dirksen, Herbert von: Moskau-Tokio-London. Erinnerungen und Betrachtungen. 1949.

Döblin, Alfred: Schicksalsreise. Bericht und Bekenntnis. 1949.

Doehring, Bruno: Mein Lebensweg. 1952.

Dreiser, Helen: Mein Leben mit Dreiser. 1952.

Driesch, Hans: Lebenserinnerungen. 1951.

Dürckheim-Montmartin, Graf E.: Erinnerungen eines elsässischen Patrioten. Neuausg. 1922.

Eckener, Hugo: Im Zeppelin über Länder und Meere. Erlebnisse und Erinnerungen. 1949.

Eckermann, J. P.: Gespräche mit Goethe. 3 Bände. 1836-1848.

Eden, Sir Anthony: Memoiren. 1945-1957. 1960.

Ernsthausen, A. Ernst von: Erinnerungen eines preuß. Beamten. 1894.

Eulenberg, Herbert: So war mein Leben. 1948.

Euler, Hermann: Lebenserinnerungen eines Lehrers der Zahnheilkunde. 1949.

Fechter, Paul: Menschen und Zeiten. 1949.

Fliedner, Fritz: Aus meinem Leben. Erinnerungen und Erfahrungen. 2 Bände. 1903.

Foerster, Friedr. Wilh.: Erlebte Weltgeschichte 1869-1953. Memoiren. 1953.

Fontane, Theodor: Von Zwanzig bis Dreißig. Autobiographisches. 1925.

Forel, Auguste: Rückblick auf mein Leben. 1935.

Freytag, Gustav: Erinnerungen aus meinem Leben. 1890.

Frisch. Karl von: Erinnerungen eines Biologen. 1957.

Fuller, J. F. C.: Erinnerungen eines freimütigen Soldaten. 1937.

Funder, Friedrich: Vom Gestern ins Heute. Aus dem Kaiserreich in die Republik. 2. Aufl. 1953.

Gallison-Reuter, Marie: Mein Leben in zwei Welten. 1927. Neuaufl. 1950.

Mahatma Gandhis Autobiographie. 1960.

Gerlach, Hellmut von: Von rechts nach links. 1937.

Geyer, Christian: Heiteres und Ernstes aus meinem Leben 1929.

Goethe, J. W. v.: Dichtung und Wahrheit. 2. Teil. 6. Buch.

Graf, Oskar Maria: Wunderbare Menschen. Heitere Chronik einer Arbeiterbühne . . . 1927.

Graves, Robert: Strich drunter! 1930.

Grimm, Wilh. Karl, in: Deutsche Lehr- und Wanderjahre. Selbstschilderungen berühmter Männer und Frauen. II. Bd. 1874.

Großmann, Stefan: Ich war begeistert. Eine Lebensgeschichte. 1930.

Grünfeld, Heinrich: In Dur und Moll. Begegnungen und Erlebnisse aus 50 Jahren. 1923.

Hachenburg, Max: Lebenserinnerungen eines Rechtsanwaltes. (1927).

Haeckel, Ernst: Entwicklungsgeschichte einer Jugend. Briefe an die Eltern 1852-1856. 1921.

Hagemann, Carl: Bühne und Welt. Erlebnisse und Betrachtungen eines Theaterleiters. 1948.

Hahn, Traugott: Erinnerungen aus meinem Leben. II. Bd.: Haus und Amt. 1923.

Haller, Johannes: Lebenserinnerungen. Gesehenes — Gehörtes — Gedachtes. 1960.

Hamsun, Marie: Der Regenbogen. 1954.

Hamsun, Tore: Knut Hamsun. Mein Vater. 1953.

Harms, Claus: Lebensbeschreibung, verfaßt von ihm selber. 2. Aufl. 1851.

Harris, Frank: Mein Leben. 1926.

Hasse, K. E.: Erinnerungen aus meinem Leben. 2. Aufl. 1902.

Hedin, Sven: Fünfzig Jahre Deutschland. 1938.
— Ohne Auftrag in Berlin. 1950.

Heer, Jakob Christoph: Erinnerungen. 1930.

Hellpach, Willy: Wirken in Wirren. I. Bd. 1948, II. Bd. 1949.

Heuss, Theodor: Vorspiele des Lebens. Jugenderinnerungen. 1953.

Heuss-Knapp, Elly: Ausblick vom Münsterturm. Erlebtes aus dem Elsaß und dem Reich. 1934.

Hielscher, Friedrich: Fünfzig Jahre unter Deutschen. 1954.

Hoegner, Wilhelm: Der schwierige Außenseiter. Erinnerungen eines Abgeordneten, Emigranten und Ministerpräsidenten. 1959.

Hofmann, Walter: Mit Grabstichel und Feder. Geschichte einer Jugend. 1947.

Hohenlohe, Alexander von: Aus meinem Leben. 1925.

Holland, Hyacinth: Lebenserinnerungen eines 90jährigen Altmüncheners. 1921.

Hoover, Herbert: Memoiren. 2 Bände. 1951/52.

Horneffer, August: Aus meinem Freimaurerleben, Erfahrungen und Winke. 1957.

Hülsen, Hans von: Zwillings-Seele. Denkwürdigkeiten aus einem Leben zwischen Kunst und Politik. 2 Bde. 1947.

Jannings, Emil: Theater, Film — das Leben und ich. Autobiographie. 1951.

Jünger, Friedrich Georg: Spiegel der Jahre. Erinnerungen. 1958.

Kaftan, Theodor: Erlebnisse und Beobachtungen. 2. Aufl. 1931.

Karolyi, Michael Graf: Gegen eine ganze Welt. Mein Kampf um den Frieden. 1924.

Kautsky, Karl: Erinnerungen und Erörterungen. 1960.

Keil, Wilhelm: Erlebnisse eines Sozialdemokraten. I. Bd. 1947.

Keller, Helen: Die Geschichte meines Lebens. 1903.
— Mitten im Lebensstrom.

Keller, Samuel: Aus meinem Leben. 2 Bände. 1924.

Kerner, Justinus: Das Bilderbuch meiner Knabenzeit. 1891.

Keßler, Johannes: Ich glaube an den Sinn des Lebens. 1939.

Knapp, G. F.: Aus der Jugend eines deutschen Gelehrten. Vorwort von Elly Heuss-Knapp. 1927.

Koestler, Arthur: Pfeil ins Blaue. Bericht eines Lebens. 1905-1931. 1952.

Kohlrausch, Friedrich: Erinnerungen aus meinem Leben. 1863.

Konstantin Prinz von Bayern: Die großen Namen. 1956.

Krüger, Herman Anders: Sohn und Vater. Eine Jugendrechenschaft. 1922.

Kühnemann, Eugen: Mit unbefangener Stirn. Mein Lebensbuch. 1937.

Lange, Helene: Lebenserinnerungen. 1921.

Lindau, Paul: Ferdinand Lassalles Tagebuch. 1891.
— Nur Erinnerungen. I. Bd., 1916.

Löbe, Paul: Erinnerungen eines Reichstagspräsidenten. 1949.

Lorenz, Albert: „Wenn der Vater mit dem Sohne ..." Erinnerungen an Adolf Lorenz. 1952.

Lotz, Erich: Strömender Kreis. Die Geschichte eines Lebens. 1954.

Luckner, Felix Graf: Seeteufel erobert Amerika. 1928.

Lübke, Wilhelm: Lebenserinnerungen, 1891.

Luther, Hans: Politiker ohne Partei. Erinnerungen. 1960.

Man, Hendrik de: Gegen den Strom. Memoiren eines europäischen Sozialisten. 1953.

Mann, Monika: Vergangenes und Gegenwärtiges. Erinnerungen. 1956.

Mann, Thomas: Die Entstehung des Dr. Faustus. 1949.

Mann, Viktor: Wir waren Fünf. 1949.

Martin, A(ugust): Werden und Wirken eines deutschen Frauenarztes. Lebenserinnerungen. 1924.

Mast, Adolf: Von der Pike auf. Erlebnisse und Erinnerungen eines Bauunternehmers. 1948.

Maugham, W. S.: Rückblick auf mein Leben. 1948.

Maurina, Zenta: Denn das Wagnis ist schön. Geschichte eines Lebens. 1953.

Prinz Max von Baden: Erinnerungen und Dokumente. 1927.

Mayer, Anton: Der Göttergleiche. Erinnerungen an Rudolf C. Binding. 1939.

Meinecke, Friedrich: Erlebtes. 1941.

Meißner, Hans-Otto: So schnell schlägt Deutschlands Herz. 1951.

Michaelis, Georg: Für Staat und Volk. Ein Lebensbericht. 2. Aufl. 1922.

Molo, Walter von: So wunderbar ist das Leben. Erinnerungen und Begegnungen. 1957.

Mühsam, Erich: Namen und Menschen. Unpolitische Erinnerungen. 1949.

Müller, Friedrich von: Lebenserinnerungen. 1951.

Müller, Karl Alexander von: Aus Gärten der Vergangenheit. Erinnerungen 1882-1914. 1952.

Müller-Partenkirchen, Fritz: Kramer & Friemann. Eine Lehrzeit. 1920.

Nadolny, Rudolf: Mein Beitrag. 1955.

Naso, Eckart von: Ich liebe das Leben. Erinnerungen aus fünf Jahrzehnten. 1953.

Naumann, Johannes: Wie wir unsern Weg fanden. Lebenserinnerungen eines Schwesternhausdirektors. 1929.

Erinnerungen, Gedanken und Meinungen des Prof. Dr. B. Naunyn. 1925.

Nehru: Indiens Weg zur Freiheit. 1948.

Noske, Gustav: Erlebtes aus Aufstieg und Niedergang einer Demokratie. 1937.

Ostwald, Wilhelm: Lebenslinien. Eine Selbstbiographie. 2. Teil. 1927.

Pantenius, Th. H.: Aus den Jugendjahren eines alten Kurländers. 1916.

Papen, Franz von: Der Wahrheit eine Gasse. 1952.

Parthey, Gustav: Jugenderinnerungen. 2 Bände. 1907.

Pesch, Heinrich S. J., in: Die Volkswirtschaftslehre der Gegenwart in Selbstdarstellungen. 1924.

Piper. Reinhard: Nachmittag. Erinnerungen eines Verlegers. 1950.

(Popp, Adelheid): Die Jugendgeschichte einer Arbeiterin, von ihr selbst erzählt. 1909.

Presber, Rudolf: Aus der Jugendzeit. 1928.

Radbruch, Gustav: Der innere Weg. Aufriß meines Lebens. 1951.

Ragaz, Leonhard: Mein Weg. I. Bd. 1952.

Rauschning, Hermann: Gespräche mit Hitler. 1940.

Rheinbaben, Werner Frhr. v.: Viermal Deutschland. Aus dem Erleben eines Seemanns, Diplomaten, Politikers 1895-1954. 1954.

Richter, Eugen: Jugend-Erinnerungen. 1893.

Rittelmeyer, Friedrich: Aus meinem Leben. 1937.

Rive. Richard Robert: Lebenserinnerungen eines deutschen Oberbürgermeisters 1960.

Rochefort, Henri: Abenteuer meines Lebens. 2 Bände. 1900.

Rogge, Bernhard: Aus sieben Jahrzehnten. Erinnerungen aus meinem Leben. I. Bd. 1897.

Rosenberg, E(manuel): Der Werdegang eines Ingenieurs. 1950.

Roosevelt, Theodore: Aus meinem Leben. 1914.

Rousseau, J. J.: Bekenntnisse.

Ruge, Arnold: Aus früherer Zeit. II. Bd. 1862.

Santayana, George: Die Spanne meines Lebens. 1950.

Sassoon, Siegfried: Vom Krieg zum Frieden. Erinnerungen. 1947.

Sauerbruch, Ferdinand: So war mein Leben. 1951.

Schacht, Hjalmar: 76 Jahre meines Lebens. 1953.

Schäfer, Wilhelm: Rechenschaft. 1948.

Scheffler, Karl: Die fetten und die mageren Jahre. 1946.

Scheidemann. Philipp: Memoiren eines Sozialdemokraten. I. Bd. 1928.

Schemann, Ludwig: Lebensfahrten eines Deutschen. 1925.

Schickele, René: Schreie auf dem Boulevard. 1913.

Schmidt, Paul: Statist auf diplomatischer Bühne. 1949.
— Der Statist auf der Galerie. 1951.

Schoen, Frhr. v.: Erlebtes. 1921.

Schumacher, Fritz: Stufen des Lebens. 1938.

Schwerin von Krosigk, Lutz Graf: Es geschah in Deutschland. 1951.

Seidel, Heinrich: Von Perlin nach Berlin.

Seidel, Heinr. Wolfg.: Drei Stunden hinter Berlin. Briefe aus dem Vikariat. 2. Aufl. 1954.

Severing, Carl: Mein Lebensweg. I. Bd. 1950.

Shaw, Bernard: Sechzehn selbstbiographische Skizzen. 1950.

Sheridan, Clare: Ich, meine Kinder und die Großmächte der Welt. Ein Lebensbuch unserer Zeit. 1928.

Slezak, Leo: Mein Lebensmärchen. 1948.

Stampfer, Friedrich: Erfahrungen und Erkenntnisse. Aufzeichnungen aus meinem Leben. 1957.

Stanislawski: Mein Leben in der Kunst. 1951.

Stanley, H. M.: Mein Leben. II. Bd. 1911.

Steffens, Heinrich: Was ich erlebte. 1938.

Stein, Gertrude: Autobiographie von Alice B. Toklas. 1956.

Stein, Ludwig: Aus dem Leben eines Optimisten. 1930.

Steiner, Rudolf: Mein Lebensgang. Neuaufl. 1948.

Strindberg, August: Der Sohn einer Magd. 1886.

Stromeyer, Georg Friedr. Louis: Erinnerungen eines deutschen Arztes. I. Bd.: Leben und Lernen. 1875.

Strümpell, Adolf von: Aus dem Leben eines deutschen Klinikers. 1925.

Sutherland, Halliday: Bogen der Jahre. 1935.

Taube, Otto Frhr. v.: Im alten Estland. Kindheitserinnerungen. 1944.

Tews, J.: Aus Arbeit und Leben. Erinnerungen und Rückblicke. 1921.

Tiedemann, Christoph von: Aus sieben Jahrzehnten. II. Bd.: Sechs Jahre Chef der Reichskanzlei. 1909.

Tucholsky, Kurt: Zwischen Gestern und Morgen. 1952.

Uexküll, J. v.: Nie geschaute Welten. Die Umwelt meiner Freunde. Ein Erinnerungsbuch. 1949.

Uhde-Bernays, Hermann: Im Lichte der Freiheit. 1947.

Velsen, Dorothee v.: Im Alter die Fülle. (1956).

Vietinghoff-Riesch, Arnold Frhr. v.: Letzter Herr auf Neschwitz. Ein Junker ohne Reue. 1958.

Vischer, F. Th.: Mein Lebensgang. Altes und Neues. 3. Heft. 1882.

Wagener, Hermann: Erlebtes. 1884.

Wagner, Siegfried: Erinnerungen. 1923.

Walzel, Oskar: Wachstum und Wandel. Lebenserinnerungen. 1956.

Warschauer, Adolf: Deutsche Kulturarbeit in der Ostmark. Erinnerungen aus vier Jahrzehnten. 1926.

Weber, Marianne: Lebenserinnerungen. 1948.

Weingartner, Felix v.: Lebenserinnerungen. 1923.

Weisbach, Werner: Geist und Gewalt. 1956.
Weizsäcker, Ernst v.: Erinnerungen. 1950.
Wermuth, Adolf: Ein Beamtenleben. Erinnerungen. 1922.
Wiechert, Ernst: Jahre und Zeiten. 1949.
Wildenvey, Herman: Mein Pegasus und die Welt. 1938.
Wilhelm II: Ereignisse und Gestalten aus den Jahren 1878-1918. 1922.
Windsor, Herzog von: Eines Königs Geschichte. Memoiren. 2. Aufl. 1951.
Wright, Richard: Ich Negerjunge. Die Geschichte einer Kindheit und Jugend. 1947.
Wundt, Wilhelm: Erlebtes und Erkanntes. 1920.
Zschokke, Heinrich: Eine Selbstschau. 4. Aufl. 1849.
Zweig, Friederike: Stefan Zweig. Wie ich ihn erlebte. 1948.
Zweig, Stefan: Die Welt von gestern. 1947.

Redner-Register

GESAMTVERZEICHNIS

der

SAMMLUNG GÖSCHEN

Jeder Band DM 3,60 · Doppelband DM 5,80

Stand Januar 1961

WALTER DE GRUYTER & CO., BERLIN W 30

Inhaltsübersicht

Geisteswissenschaften

Philosophie

Einführung in die Philosophie von *H. Leisegang †*. 4. Auflage. 145 Seiten. 1960. (281)

Hauptprobleme der Philosophie von *G. Simmel †*. 7., unveränderte Auflage. 177 Seiten. 1950. (500)

Geschichte der Philosophie

I: Die griechische Philosophie von *W. Capelle*. 1. Teil. Von Thales bis Leukippos. 2., erweiterte Auflage. 135 Seiten. 1953. (857)

II: Die griechische Philosophie von *W. Capelle*. 2. Teil. Von der Sophistik bis zum Tode Platons. 2., stark erweiterte Auflage. 144 Seiten. 1953. (858)

III: Die griechische Philosophie von *W. Capelle*. 3. Teil. Vom Tode Platons bis zur Alten Stoa. 2., stark erweiterte Auflage. 132 Seiten. 1954. (859)

IV: Die griechische Philosophie von *W. Capelle*. 4. Teil. Von der Alten Stoa bis zum Eklektizismus im 1. Jh. v. Chr. 2., stark erweiterte Auflage. 132 Seiten. 1954. (863)

V: Die Philosophie des Mittelalters von *J. Koch*. In Vorbereitung. (826)

VI: Von der Renaissance bis Kant von *K. Schilling*. 234 Seiten. 1954. (394/394a)

VII: Immanuel Kant von *G. Lehmann*. In Vorbereitung. (536)

VIII: Die Philosophie des 19. Jahrhunderts von *G. Lehmann*. 1. Teil. 151 Seiten. 1953. (571)

IX: Die Philosophie des 19. Jahrhunderts von *G. Lehmann*. 2. Teil. 168 Seiten. 1953. (709)

X: Die Philosophie im ersten Drittel des 20. Jahrhunderts 1. Teil von *G. Lehmann*. 128 Seiten. 1957. (845)

XI: Die Philosophie im ersten Drittel des 20. Jahrhunderts 2. Teil von *G. Lehmann*. 114 Seiten. 1960. (850)

Die geistige Situation der Zeit (1931) von *K. Jaspers*. 5., unveränderter Abdruck der im Sommer 1932 bearbeiteten 5. Auflage. 211 Seiten. 1960. (1000)

Erkenntnistheorie von *G. Kropp*.
I. Teil: Allgemeine Grundlegung. 143 Seiten. 1950. (807)

Formale Logik von *P. Lorenzen*. 165 Seiten. 1958. (1176/1176a)

Philosophisches Wörterbuch von *M. Apel †*. 5., völlig neubearbeitete Auflage von *P. Ludz*. 315 Seiten. 1958. (1031/1031a)

Philosophische Anthropologie. Menschliche Selbstdeutung in Geschichte und Gegenwart von *M. Landmann*. 266 Seiten. 1955. (156/156a)

Pädagogik, Psychologie, Soziologie

Geschichte der Pädagogik von *Herm. Weimer*. 14., durchgesehene und vermehrte Auflage von *Heinz Weimer*. 178 Seiten. 1960. (145)

Therapeutische Psychologie. Ihr Weg durch die Psychoanalyse von *W. M. Kranefeldt*. Mit einer Einführung von *C. G. Jung*. 3. Auflage. 152 Seiten. 1956. (1034)

Allgemeine Psychologie von *Th. Erismann*. 3 Bände. 2., neubearbeitete Auflage.
I: Grundprobleme. 146 Seiten. 1958. (831)
II: Grundarten des physischen Geschehens. 248 Seiten. 1959. (832/832 a)
III: Psychologie der Persönlichkeit. In Vorbereitung (833)

Soziologie. Geschichte und Hauptprobleme von *L. von Wiese*. 6. Auflage. 175 Seiten. 1960. (101)

Sozialpsychologie von *P. R. Hofstätter*. 181 Seiten, 15 Abbildungen, 22 Tabellen. 1956. (104/104 a)

Psychologie des Berufs- und Wirtschaftslebens von *W. Moede †*. 190 Seiten, 48 Abbildungen. 1958. (851/851 a)

Industrie- und Betriebssoziologie von *R. Dahrendorf*. 120 Seiten. 1956. (103)

Religionswissenschaften

Jesus von *M. Dibelius †*. 3. Auflage, mit einem Nachtrag von *W. G. Kümmel*. 140 Seiten. 1960. (1130)

Paulus von *M. Dibelius †*. Nach dem Tode des Verfassers herausgegeben und zu Ende geführt von *W. G. Kümmel*. 2., durchgesehene Auflage. 155 Seiten. 1956. (1160)

Luther von *F. Lau*. 151 Seiten. 1959. (1187)

Melanchthon von *R. Stupperich*. 139 Seiten. 1960. (1190)

Geschichte Israels. Von den Anfängen bis zur Zerstörung des Tempels (70 n. Chr.) von *E. L. Ehrlich*. 158 Seiten, 1 Tafel. 1958. (231/231 a)

Römische Religionsgeschichte von *F. Altheim*. 2 Bände. 2., umgearbeitete Auflage.
I: Grundlagen und Grundbegriffe. 116 Seiten. 1956. (1035)
II: Der geschichtliche Ablauf. 164 Seiten. 1956. (1052)

Musik

Musikästhetik von *H. J. Moser*. 180 Seiten. Mit zahlreichen Notenbeispielen. 1953. (344)

Systematische Modulation von *R. Hernried*. 2. Auflage. 136 Seiten. Mit zahlreichen Notenbeispielen. 1950. (1094)

Der polyphone Satz von *E. Pepping*. 2 Bände.
I: Der cantus-firmus-Satz. 2. Auflage. 223 Seiten. Mit zahlreichen Notenbeispielen. 1950. (1148)
II: Übungen im doppelten Kontrapunkt und im Kanon. 137 Seiten. Mit zahlreichen Notenbeispielen. 1957. (1164/1164 a)

Allgemeine Musiklehre von *H. J. Moser*. 2., durchgesehene Auflage. 155 Seiten. Mit zahlreichen Notenbeispielen. 1955. (220/220 a)

Harmonielehre von *H. J. Moser*. 2 Bände.
I: 109 Seiten. Mit 120 Notenbeispielen. 1954. (809)

Die Musik des 19. Jahrhunderts von *W. Oehlmann*. 180 Seiten. 1953. (170)

Die Musik des 20. Jahrhunderts von *W. Oehlmann*. In Vorbereitung. (171/171 a)

Technik der deutschen Gesangskunst von *H. J. Moser*. 3., durchgesehene und verbesserte Auflage. 144 Seiten, 5 Figuren sowie Tabellen und Notenbeispiele. 1954. (576/576 a)

Die Kunst des Dirigierens von *H. W. von Waltershausen* †. 2., vermehrte Auflage. 138 Seiten. Mit 19 Notenbeispielen. 1954. (1147)

Die Technik des Klavierspiels aus dem Geiste des musikalischen Kunstwerkes von *K. Schubert* †. 3. Auflage. 110 Seiten. Mit Notenbeispielen. 1954. (1045)

Kunst

Stilkunde von *H. Weigert*. 2 Bände. 3., durchgesehene und ergänzte Auflage.
I: Vorzeit, Antike, Mittelalter. 136 Seiten, 94 Abbildungen. 1958. (80)
II: Spätmittelalter und Neuzeit. 150 Seiten, 88 Abbildungen. 1958. (781)

Archäologie von *A. Rumpf*. 2 Bände.
I: Einleitung, historischer Überblick. 143 Seiten, 6 Abbildungen, 12 Tafeln. 1953. (538)
II: Die Archäologensprache. Die antiken Reproduktionen. 136 Seiten, 7 Abbildungen, 12 Tafeln. 1956. (539)

Geschichte

Einführung in die Geschichtswissenschaft von *P. Kirn*. 3., durchgesehene Auflage. 128 Seiten. 1959. (270)

Zeitrechnung der römischen Kaiserzeit, des Mittelalters und der Neuzeit für die Jahre 1—2000 n. Chr. von *H. Lietzmann* †. 3. Auflage, durchgesehen von *K. Aland*. 130 Seiten. 1956. (1085)

Kultur der Urzeit von *F. Behn*. 3 Bände. 4. Auflage der Kultur der Urzeit Bd. 1—3 von *M. Hoernes*.
I: Die vormetallischen Kulturen. (Die Steinzeiten Europas. Gleichartige Kulturen in anderen Erdteilen.) 172 Seiten, 48 Abbildungen. 1950. (564)
II: Die älteren Metallkulturen. (Der Beginn der Metallbenutzung. Kupfer- und Bronzezeit in Europa, im Orient und in Amerika.) 160 Seiten, 67 Abbildungen. 1950. (565)
III: Die jüngeren Metallkulturen. (Das Eisen als Kulturmetall, Hallstatt-Latène-Kultur in Europa. Das erste Auftreten des Eisens in den anderen Weltteilen.) 149 Seiten, 60 Abbildungen. 1950. (566)

Vorgeschichte Europas von *F. Behn*. Völlig neue Bearbeitung der 7. Auflage der „Urgeschichte der Menschheit" von *M. Hoernes*. 125 Seiten, 47 Abbildungen. 1949. (42)

Der Eintritt der Germanen in die Geschichte von *J. Haller* †. 3. Auflage, durchgesehen von *H. Dannenbauer*. 120 Seiten, 6 Kartenskizzen. 1957. (1117)

Von den Karolingern zu den Staufern. Die altdeutsche Kaiserzeit (900—1250) von *J. Haller* †. 4., durchgesehene Auflage von *H. Dannenbauer*. 142 Seiten, 4 Karten. 1958. (1065)

Von den Staufern zu den Habsburgern. Auflösung des Reichs und Emporkommen der Landesstaaten (1250—1519) von *J. Haller* †. 2., durchgesehene Auflage von *H. Dannenbauer*. 118 Seiten, 6 Kartenskizzen. 1960. (1077)

Deutsche Geschichte im Zeitalter der Reformation, der Gegenreformation und des dreißigjährigen Krieges von *F. Hartung*. 129 Seiten. 1951. (1105)

Deutsche Geschichte von 1648 – 1740. Politischer und geistiger Wiederaufbau von *W. Treue*. 120 Seiten. 1956. (35)

Deutsche Geschichte von 1713 – 1806. Von der Schaffung des europäischen Gleichgewichts bis zu Napoleons Herrschaft von *W. Treue*. 168 Seiten. 1957. (39)

Deutsche Geschichte von 1806 – 1890. Vom Ende des alten bis zur Höhe des neuen Reiches. Von *W. Treue*. 127 Seiten. 1961. (893)

Deutsche Geschichte von 1890 bis zur Gegenwart von *W. Treue*. In Vorbereitung. (894)

Quellenkunde der Deutschen Geschichte im Mittelalter (bis zur Mitte des 15. Jahrhunderts) von *K. Jacob †*. 3 Bände.
I: Einleitung. Allgemeiner Teil. Die Zeit der Karolinger. 6. Auflage, bearbeitet von *H. Hohenleutner*. 127 Seiten. 1959. (279)
II: Die Kaiserzeit (911—1250). 5., neubearbeitete Auflage von *H. Hohenleutner*. 127 Seiten. 1961. (280)
III: Das Spätmittelalter (vom Interregnum bis 1500). Herausgegeben von *F. Weden*. 152 Seiten. 1952. (284)

Geschichte Englands von *H. Preller*. 2 Bände.
I: bis 1815. 3., stark umgearbeitete Auflage. 135 Seiten, 7 Stammtafeln, 2 Karten. 1952. (375)
II: Von 1815 bis 1910. 2., völlig umgearbeitete Auflage. 118 Seiten, 1 Stammtafel, 7 Karten. 1954. (1088)

Römische Geschichte von *F. Altheim*. 4 Bände. 2., verbesserte Auflage.
I: Bis zur Schlacht bei Pydna (168 v. Chr.). 124 Seiten. 1956. (19)
II: Bis zur Schlacht bei Actium (31 v. Chr.). 129 Seiten. 1956. (677)
III: Bis zur Schlacht an der Milvischen Brücke (312 n. Chr.). 148 Seiten. 1958. (679)
IV: Bis zur Schlacht am Yarmuk (636 n. Chr.). In Vorbereitung. (684)

Geschichte der Vereinigten Staaten von Amerika von *O. Graf zu Stolberg-Wernigerode*. 192 Seiten, 10 Karten. 1956. (1051/1051a)

Deutsche Sprache und Literatur

Geschichte der Deutschen Sprache von *H. Sperber*. 3. Auflage, besorgt von *W. Fleischhauer*. 128 Seiten. 1958. (915)

Deutsches Rechtschreibungswörterbuch von *M. Gottschald †*. 2., verbesserte Auflage. 219 Seiten. 1953. (200/200a)

Deutsche Wortkunde. Kulturgeschichte des deutschen Wortschatzes von *A. Schirmer*. 4. Auflage von *W. Mitzka*. 123 Seiten. 1960. (929)

Deutsche Sprachlehre von *W. Hofstaetter*. 10. Auflage. Völlige Umarbeitung der 8. Auflage. 150 Seiten. 1960. (20)

Stimmkunde für Beruf, Kunst und Heilzwecke von *H. Biehle*. 111 Seiten. 1955. (60)

Redetechnik. Einführung in die Rhetorik von *H. Biehle*. 115 Seiten. 1954. (61)

Sprechen und Sprachpflege (Die Kunst des Sprechens) von *H. Feist*. 2., verbesserte Auflage. 99 Seiten, 25 Abbildungen. 1952. (1122)

Deutsches Dichten und Denken von der germanischen bis zur staufischen Zeit von *H. Naumann †*. (Deutsche Literaturgeschichte vom 5.—13. Jahrhundert.) 2., verbesserte Auflage. 166 Seiten. 1952. (1121)

Deutsches Dichten und Denken vom Mittelalter zur Neuzeit von *G. Müller* (1270 bis 1700). 2., durchgesehene Auflage. 159 Seiten. 1949. (1086)

Deutsches Dichten und Denken von der Aufklärung bis zum Realismus (Deutsche Literaturgeschichte von 1700—1890) von *K. Viëtor †*. 3., durchgesehene Auflage. 159 Seiten. 1958. (1096)

Der Nibelunge Nôt in Auswahl mit kurzem Wörterbuch von *K. Langosch.* 10., durchgesehene Auflage. 164 Seiten. 1956. (1)
Kudrun und Dietrich-Epen in Auswahl mit Wörterbuch von *O. L. Jiriczek.* 6. Auflage, bearbeitet von *R. Wisniewski.* 173 Seiten. 1957. (10)
Wolfram von Eschenbach. Parzival. Eine Auswahl mit Anmerkungen und Wörterbuch von *H. Jantzen.* 2. Auflage, bearbeitet von *H. Kolb.* 128 Seiten. 1957. (921)
Hartmann von Aue. Der arme Heinrich nebst einer Auswahl aus der „Klage", dem „Gregorius" und den Liedern (mit einem Wörterverzeichnis) herausgegeben von *F. Maurer.* 96 Seiten. 1958. (18)
Gottfried von Strassburg in Auswahl herausgegeben von *F. Maurer.* 142 Seiten. 1959. (22)
Die deutschen Personennamen von *M. Gottschald* †. 2., verbesserte Auflage. 151 Seiten. 1955. (422)
Mittelhochdeutsche Grammatik von *H. de Boor* und *R. Wisniewski.* 2., verbesserte und ergänzte Auflage. 142 Seiten. 1960. (1108)

Indogermanisch, Germanisch

Indogermanische Sprachwissenschaft von *H. Krahe.* 2 Bände. 3., neubearbeitete Auflage.
I: Einleitung und Lautlehre. 106 Seiten. 1958. (59)
II: Formenlehre. 124 Seiten. 1959. (64)
Gotisches Elementarbuch. Grammatik, Texte mit Übersetzung und Erläuterungen. Mit einer Einleitung von *H. Hempel.* 3. Auflage. 1961. In Vorbereitung (79)
Germanische Sprachwissenschaft von *H. Krahe.* 2 Bände. 4., überarbeitete Auflage.
I: Einleitung und Lautlehre. 147 Seiten. 1960. (238)
II: Formenlehre. 4., überarbeitete Auflage. 149 Seiten. 1961. (780)
Altnordisches Elementarbuch. Schrift, Sprache, Texte mit Übersetzung und Wörterbuch von *F. Ranke.* 2., durchgesehene Auflage. 146 Seiten. 1949. (1115)

Englisch, Romanisch

Altenglisches Elementarbuch von *M. Lehnert.* Einführung, Grammatik, Texte mit Übersetzung und Wörterbuch. 4., verbesserte Auflage. 178 Seiten. 1959. (1125)
Historische neuenglische Laut- und Formenlehre von *E. Ekwall.* 3., durchgesehene Auflage. 150 Seiten. 1956. (735)
Englische Phonetik von *H. Mutschmann* †. 117 Seiten. 1956. (601)
Englische Literaturgeschichte von *F. Schubel.* 4 Bände.
I: Die alt- und mittelenglische Periode. 163 Seiten. 1954. (1114)
II: Von der Renaissance bis zur Aufklärung. 160 Seiten. 1956. (1116)
III: Romantik und Viktorianismus. 160 Seiten. 1960. (1124)
Beowulf von *M. Lehnert.* Eine Auswahl mit Einführung, teilweiser Übersetzung, Anmerkungen und etymologischem Wörterbuch. 3., verbesserte Auflage. 135 Seiten. 1959. (1135)

Shakespeare von *P. Meißner †*. 2. Auflage, neubearbeitet von *M. Lehnert*. 136 Seiten. 1954. (1142)
Italienische Literaturgeschichte von *K. Voßler †*. 5. Auflage, neubearbeitet von *A. Noyer-Weidner*. In Vorbereitung. (125)
Geschichte der römischen Literatur von *L. Bieler*. 2 Bände.
I: Die Literatur der Republik. 160 Seiten. 1961. (52)
II: Die Literatur der Kaiserzeit. 133 Seiten. 1961. (866)
Romanische Sprachwissenschaft von *H. Lausberg*. 2 Bände.
I: Einleitung und Vokalismus. 160 Seiten. 1956. (128/128a)
II: Konsonantismus. 95 Seiten. 1956. (250)

Griechisch, Lateinisch

Griechische Sprachwissenschaft von *W. Brandenstein*. 2 Bände.
I: Einleitung, Lautsystem, Etymologie. 160 Seiten. 1954. (117)
II: Wortbildung und Formenlehre. 192 Seiten. 1959. (118/118a)
Geschichte der griechischen Sprache. 2 Bände.
I: Bis zum Ausgang der klassischen Zeit von *O. Hoffmann †*. 3. Auflage, bearbeitet von *A. Debrunner †*. 156 Seiten. 1953. (111)
II: Grundfragen und Grundzüge des nachklassischen Griechisch von *A. Debrunner †*. 144 Seiten. 1954. (114)
Geschichte der griechischen Literatur von *W. Nestle*. 2 Bände.
I: 3. Auflage bearb. von *W. Liebich*. 1961. In Vorbereitung. (70)
Grammatik der neugriechischen Volkssprache von *J. Kalitsunakis*. 3., völlig neubearbeitete und erweiterte Auflage. 1961. In Vorbereitung. (756/756a)
Neugriechisch-deutsches Gesprächsbuch von *J. Kalitsunakis*. 2. Auflage, bearbeitet von *A. Steinmetz*. 99 Seiten. 1960. (587)

Hebräisch, Sanskrit, Russisch

Hebräische Grammatik von *G. Beer †*. 2 Bände. 2., völlig neubearbeitete Auflage von *R. Meyer*.
I: Schrift-, Laut- und Formenlehre I. 157 Seiten. 1952. (763/763a)
II: Formenlehre II. Syntax und Flexionstabellen. 195 Seiten. 1955. (764/764a)
Hebräisches Textbuch zu *G. Beer-R. Meyer*, Hebräische Grammatik von *R. Meyer*. 170 Seiten. 1960. (769/769a)
Sanskrit-Grammatik von *M. Mayrhofer*. 89 Seiten. 1953. (1158)
Russische Grammatik von *E. Berneker †*. 7., unveränderte Auflage von *M. Vasmer*. 155 Seiten. 1961. (66)
Einführung in die slavische Sprachwissenschaft von *H. Bräuer*. 2 Bände.
I: Einleitung und Lautlehre. 1961. In Vorbereitung. (1191)

Erd- und Länderkunde

Afrika von *F. Jaeger*. Ein geographischer Überblick. 2 Bände. 2., umgearbeitete Auflage.
I: Der Lebensraum. 179 Seiten, 18 Abbildungen. 1954. (910)
II: Mensch und Kultur. 155 Seiten, 6 Abbildungen. 1954. (911)
Australien und Ozeanien von *H. J. Krug*. 176 Seiten, 46 Skizzen. 1953. (319)

Volkswirtschaft, Statistik, Publizistik

Allgemeine Betriebswirtschaftslehre von *K. Mellerowicz*. 4 Bände. 10., erweiterte und veränderte Auflage.
I: 224 Seiten. 1958. (1008/1008a) II: 188 Seiten. 1959. (1153/1153a)
III: 260 Seiten. 1959. (1154/1154a) IV: 209 Seiten. 1959. (1186/1186a)
Diese 4 Bände sind auch in Ganzleinen (Bd. I nur noch) gebunden zum Preise von je DM 6,30 lieferbar.

Geschichte der Volkswirtschaftslehre von *S. Wendt*. 1961. In Vorbereitung. (1194)

Allgemeine Volkswirtschaftslehre von *A. Paulsen*. 4 Bände.
I: Grundlegung, Wirtschaftskreislauf. 3., durchgesehene und ergänzte Auflage. 148 Seiten. 1959. (1169)
II: Haushalte, Unternehmungen, Marktformen. 3., neubearbeitete Auflage. 166 Seiten, 32 Abbildungen. 1960. (1170)
III: Produktionsfaktoren. 3., durchgesehene Auflage. 200 Seiten. 1961. (1171)
IV: Gesamtbeschäftigung, Konjunkturen, Wachstum. 172 Seiten. 1960. (1172)

Finanzwissenschaft von *H. Kolms*. 4 Bände.
I: Grundlegung, Öffentliche Ausgaben. 160 Seiten. 1959. (148)
II: Erwerbseinkünfte, Gebühren und Beiträge; Allgemeine Steuerlehre. 148 Seiten. 1960. (391)
III: Besondere Steuerlehre. In Vorbereitung. (776)
IV: Öffentlicher Kredit. Haushaltswesen. Finanzausgleich. In Vorbereitung. (782)

Finanzmathematik von *M. Nicolas*. 192 Seiten, 11 Tafeln, 8 Tabellen und 72 Beispiele. 1959. (1183/1183a)

Industrie- und Betriebssoziologie von *R. Dahrendorf*. 120 Seiten. 1956. (103)

Wirtschaftssoziologie von *F. Fürstenberg*. 122 Seiten. 1961. (1193)

Psychologie des Berufs- und Wirtschaftslebens von *W. Moede †*. 190 Seiten, 48 Abbildungen. 1958. (851/851a)

Allgemeine Methodenlehre der Statistik von *J. Pfanzagl*. 2 Bände.
I: Elementare Methoden unter besonderer Berücksichtigung der Anwendungen in den Wirtschafts- und Sozialwissenschaften. 205 Seiten, 35 Abbildungen. 1960. (746/746a)
II: Höhere Methoden unter besonderer Berücksichtigung der Anwendungen in Naturwissenschaft, Medizin und Technik. In Vorbereitung. (747/747a)

Zeitungslehre von *E. Dovifat*. 2 Bände. 3., neubearbeitete Auflage.
I: Theoretische und rechtliche Grundlagen — Nachricht und Meinung — Sprache und Form. 148 Seiten. 1955. (1039)
II: Redaktion — Die Sparten: Verlag und Vertrieb, Wirtschaft und Technik, Sicherung der öffentlichen Aufgabe. 158 Seiten. 1955. (1040)

Naturwissenschaften

Mathematik

Geschichte der Mathematik von *J. E. Hofmann*. 3 Bände.
I: Von den Anfängen bis zum Auftreten von Fermat und Descartes. 200 Seiten. 1953. (226)
II: Von Fermat und Descartes bis zur Erfindung des Calculus und bis zum Ausbau der neuen Methoden. 109 Seiten. 1957. (875)
III: Von den Auseinandersetzungen um den Calculus bis zur französischen Revolution. 107 Seiten. 1957. (882)

Mathematische Formelsammlung von *F. O. Ringleb*. 7., erweiterte Auflage. 320 Seiten, 40 Figuren. 1960. (51/51a)

Vierstellige Tafeln und Gegentafeln für logarithmisches und trigonometrisches Rechnen in zwei Farben zusammengestellt von *H. Schubert* und *R. Haussner*. 3., neubearbeitete Auflage von *J. Erlebach*. 158 Seiten. 1960. (81)

Fünfstellige Logarithmen von *A. Adler*. Mit mehreren graphischen Rechentafeln und häufig vorkommenden Zahlenwerten. 3. Auflage. 127 Seiten, 1 Tafel. 1959. (423)

Arithmetik von *P. B. Fischer †*. 3. Auflage von *H. Rohrbach*. 152 Seiten, 19 Abbildungen. 1958. (47)

Höhere Algebra von *H. Hasse*. 2 Bände. 4., durchgesehene Auflage.
I: Lineare Gleichungen. 152 Seiten. 1957. (931)
II: Gleichungen höheren Grades. 158 Seiten, 5 Figuren. 1958. (932)

Aufgabensammlung zur höheren Algebra von *H. Hasse* und *W. Klobe*. 2., verbesserte und vermehrte Auflage. 181 Seiten. 1952. (1082)

Elementare und klassische Algebra vom modernen Standpunkt von *W. Krull*. 2 Bände.
I: 2., erweiterte Auflage. 136 Seiten. 1952. (930)
II: 132 Seiten. 1959. (933)

Algebraische Kurven und Flächen von *W. Burau*. 28 Figuren. 1961. In Vorbereitung. (435)

Einführung in die Zahlentheorie von *A. Scholz †*. Überarbeitet und herausgegeben von *B. Schoeneberg*. 3. Auflage. 1961. In Vorbereitung. (1131)

Formale Logik von *P. Lorenzen*. 165 Seiten. 1958. (1176/1176a)

Topologie von *W. Franz*. 2 Bände.
I: Allgemeine Topologie. 144 Seiten, 9 Figuren. 1960. (1181)

Elemente der Funktionentheorie von *K. Knopp †*. 5. Auflage. 144 Seiten, 23 Fig. 1959. (1109)

Funktionentheorie von *K. Knopp †*. 2 Bände.
I: Grundlagen der allgemeinen Theorie der analytischen Funktionen. 9., neubearbeitete Auflage. 144 Seiten, 8 Figuren. 1957. (668)
II: Anwendungen und Weiterführung der allgemeinen Theorie. 8./9. Auflage. 130 Seiten, 7 Figuren. 1955. (703)

Aufgabensammlung zur Funktionentheorie von *K. Knopp †*. 2 Bände. 5. Auflage.
I: Aufgaben zur elementaren Funktionentheorie. 135 Seiten. 1957. (877)
II: Aufgaben zur höheren Funktionentheorie. 151 Seiten. 1959. (878)

Differential- und Integralrechnung von *M. Barner*. (Früher *Witting*). 4 Bände.
I: Grenzwertbegriff, Differentialrechnung. 1961. In Vorbereitung. (86)

Gewöhnliche Differentialgleichungen von *G. Hoheisel*. 6., neubearbeitete und erweiterte Auflage. 128 Seiten. 1960. (920)

Partielle Differentialgleichungen von *G. Hoheisel*. 4., durchgesehene Auflage. 128 Seiten. 1960. (1003)

Aufgabensammlung zu den gewöhnlichen und partiellen Differentialgleichungen von *G. Hoheisel*. 3., durchgesehene und verbesserte Auflage. 124 Seiten. 1958. (1059)

Integralgleichungen von *G. Hoheisel*. 2., durchgesehene Auflage. 1961. In Vorbereitung. (1099)

Mengenlehre von *E. Kamke*. 3., neubearbeitete Auflage. 194 Seiten, 6 Figuren. 1955. (999/999a)

Gruppentheorie von *L. Baumgartner*. 3., neubearbeitete Auflage. 110 Seiten, 3 Tafeln. 1958. (837)

Ebene und sphärische Trigonometrie von *G. Hessenberg* †. 5. Auflage, durchgesehen von *H. Kneser*. 172 Seiten, 60 Figuren. 1957. (99)

Darstellende Geometrie von *W. Haack*. 3 Bände.
I: Die wichtigsten Darstellungsmethoden. Grund- und Aufriß ebenflächiger Körper. 3., durchgesehene und ergänzte Auflage. 113 Seiten, 120 Abbildungen. 1960. (142)
II: Körper mit krummen Begrenzungsflächen. Kotierte Projektionen. 2., durchgesehene und ergänzte Auflage. 129 Seiten, 86 Abbildungen. 1959. (143)
III: Axonometrie und Perspektive. 127 Seiten, 100 Abbildungen. 1957. (144)

Analytische Geometrie von *K. P. Grotemeyer*. 202 Seiten, 73 Abbildungen. 1958. (65/65a)

Nichteuklidische Geometrie. Hyperbolische Geometrie der Ebene von *R. Baldus* †. Durchgesehen und herausgegeben von *F. Löbell*. 3., verbesserte Auflage. 140 Seiten, 70 Figuren. 1953. (970)

Differentialgeometrie von *K. Strubecker* (früher *Rothe*). 3 Bände.
I: Kurventheorie der Ebene und des Raumes. 150 Seiten, 18 Figuren. 1955. (1113/1113a)
II: Theorie der Flächenmetrik. 195 Seiten, 14 Figuren. 1958. (1179/1179a)
III: Theorie der Flächenkrümmung. 254 Seiten, 38 Figuren. 1959. (1180/1180a)

Variationsrechnung I von *L. Koschmieder*. 2., verbesserte Auflage. Mit 23 Figuren. 1961. In Vorbereitung. (1074)

Einführung in die konforme Abbildung von *L. Bieberbach*. 5., erweiterte Auflage. 180 Seiten, 42 Figuren. 1956. (768/768a)

Vektoren und Matrizen von *S. Valentiner*. 2. Auflage. (9., erweiterte Auflage der „Vektoranalysis"). Mit Anhang: Aufgaben zur Vektorrechnung von *H. König*. 202 Seiten, 35 Figuren. 1960. (354/354a)

Versicherungsmathematik von *F. Böhm*. 2 Bände.
I: Elemente der Versicherungsrechnung. 3., vermehrte und verbesserte Auflage. Durchgesehener Neudruck. 151 Seiten. 1953. (180)
II: Lebensversicherungsmathematik. Einführung in die technischen Grundlagen der Sozialversicherung. 2., verbesserte und vermehrte Auflage. 205 Seiten. 1953. (917/917a)

Finanzmathematik von *M. Nicolas*. 192 Seiten, 11 Tafeln, 8 Tabellen und 72 Beispiele. 1959. (1183/1183a)

Physik

Einführung in die theoretische Physik von *W. Döring*. 5 Bände.
I: Mechanik. 2., verbesserte Auflage. 123 Seiten, 25 Abbildungen. 1960. (76)
II: Das elektromagnetische Feld. 2., verbesserte Auflage. 1961. In Vorbereitung. (77)
III: Optik. 117 Seiten, 32 Abbildungen. 1956. (78)
IV: Thermodynamik. 107 Seiten, 9 Abbildungen. 1956. (374)
V: Statistische Mechanik. 114 Seiten, 12 Abbildungen. 1957. (1017)

Mechanik deformierbarer Körper von *M. Päsler*. 199 Seiten, 48 Abbildungen. 1960. (1189/1189a)

Atomphysik von *K. Bechert* und *Ch. Gerthsen †*. 7 Bände.
I: Allgemeine Grundlagen. 1. Teil. 4., durchgesehene Auflage von *A. Flammersfeld*. 124 Seiten, 35 Abbildungen. 1959. (1009)
II: Allgemeine Grundlagen. 2. Teil. 4. Auflage. 1961. In Vorber. (1033)
III: Theorie des Atombaus. 1. Teil. 4., umgearbeitete Auflage. 148 Seiten, 16 Abbildungen. 1961. In Vorbereitung (1123/1123a)
IV: Theorie des Atombaus. 2. Teil. 3., umgearbeitete Auflage. 170 Seiten, 14 Abbildungen. 1954. (1165/1165a)

Differentialgleichungen der Physik von *F. Sauter*. 3., durchgesehene und ergänzte Auflage. 148 Seiten, 16 Figuren. 1958. (1070)

Physikalische Formelsammlung von *G. Mahler* †. Neubearbeitet von K. *Mahler*. 10., durchgesehene Auflage. 153 Seiten, 69 Figuren. 1959. (136)

Physikalische Aufgabensammlung von *G. Mahler †*. Neubearbeitet von *K. Mahler*. Mit den Ergebnissen. 10., durchgesehene Auflage. 127 Seiten. 1959. (243)

Chemie

Geschichte der Chemie in kurzgefaßter Darstellung von *G. Lockemann*. 2 Bände.
I: Vom Altertum bis zur Entdeckung des Sauerstoffs. 142 Seiten, 8 Bildnisse. 1950. (264)
II: Von der Entdeckung des Sauerstoffs bis zur Gegenwart. 151 Seiten, 16 Bildnisse. 1955. (265/265a)

Anorganische Chemie von *W. Klemm*. 11. Auflage. 185 Seiten, 18 Abbildungen. 1960. (37)

Organische Chemie von *W. Schlenk*. 8., erweiterte Auflage. 272 Seiten, 16 Abbildungen. 1960. (38/38a)

Physikalische Methoden der Organischen Chemie von *G. Kresze*. 1961. In Vorbereitung. (44)

Allgemeine und physikalische Chemie von *W. Schulze*. 2 Bände.
I: 5., durchgesehene Auflage. 139 Seiten, 10 Figuren. 1960. (71)
II: 5., verbesserte Auflage. 178 Seiten, 37 Figuren. 1961. (698/698a)

Molekülbau. Theoretische Grundlagen und Methoden der Strukturermittlung von *W. Schulze*. 123 Seiten, 43 Figuren. 1958. (786)

Physikalisch-chemische Rechenaufgaben von *E. Asmus*. 3., verbesserte Auflage. 96 Seiten. 1958. (445)

Maßanalyse. Theorie und Praxis der klassischen und der elektrochemischen Titrierverfahren von *G. Jander* und *K. F. Jahr*. 8., durchgesehene und ergänzte Auflage. 313 Seiten, 49 Figuren. 1959. (221/221a)

Qualitative Analyse von *H. Hofmann* u. *G. Jander*. 308 Seiten, 5 Abbildungen. 1960. (247/247a)

Thermochemie von *W. A. Roth †*. 2., verbesserte Auflage. 109 Seiten, 16 Figuren. 1952. (1057)

Stöchiometrische Aufgabensammlung von *W. Bahrdt †* und *R. Scheer*. Mit den Ergebnissen. 7., durchgesehene Auflage. 119 Seiten. 1960. (452)

Elektrochemie und ihre physikalisch-chemischen Grundlagen von *A. Dassler*. 2 Bände.
II: 178 Seiten, 17 Abbildungen. 1950. (253)

Technologie

Die Chemie der Kunststoffe von *K. Hamann*, unter Mitarbeit von *W. Funke* und *H. D. Hermann*. 143 Seiten. 1960. (1173)

Warenkunde von *K. Hassak* und *E. Beutel †*. 2 Bände.
I: Anorganische Waren sowie Kohle und Erdöl. 8. Auflage. Neubearbeitet von *A. Kutzelnigg*. 119 Seiten, 18 Figuren. 1958. (222)
II: Organische Waren. 8. Auflage. Vollständig neubearbeitet von *A. Kutzelnigg*. 157 Seiten, 32 Figuren. 1959. (223)

Die Fette und Öle von *Th. Klug*. 6., völlig neubearbeitete und verbesserte Auflage. 143 Seiten. 1961. (335)

Die Seifenfabrikation von *K. Braun †*. 3., neubearbeitete und verbesserte Auflage von *Th. Klug*. 116 Seiten, 18 Abbildungen. 1953. (336)

Textilindustrie von *A. Blümcke*.
I: Spinnerei und Zwirnerei. 111 Seiten, 43 Abbildungen. 1954. (184)

Biologie

Einführung in die allgemeine Biologie und ihre philosophischen Grund- und Grenzfragen von *M. Hartmann*. 132 Seiten, 2 Abbildungen. 1956. (96)

Hormone von *G. Koller*. 2., neubearbeitete und erweiterte Auflage. 187 Seiten, 60 Abbildungen, 19 Tabellen. 1949. (1141)

Fortpflanzung im Tier- und Pflanzenreich von *J. Hämmerling*. 2., ergänzte Auflage. 135 Seiten, 101 Abbildungen. 1951. (1138)

Geschlecht und Geschlechtsbestimmung im Tier- und Pflanzenreich von *M. Hartmann*. 2., verbesserte Auflage. 116 Seiten, 61 Abbildungen, 7 Tabellen. 1951. (1127)

Symbiose der Tiere mit pflanzlichen Mikroorganismen von *P. Buchner*. 2., verbesserte und vermehrte Auflage. 130 Seiten, 121 Abbildungen. 1949. (1128)

Grundriß der Allgemeinen Mikrobiologie von *W.* u. *A. Schwartz*. 2 Bände. 2., verbesserte und ergänzte Auflage.
I: 147 Seiten, 25 Abbildungen. 1960. (1155)
II: 142 Seiten, 29 Abbildungen. 1961. (1157)

Botanik

Entwicklungsgeschichte des Pflanzenreiches von *H. Heil*. 2. Auflage. 138 Seiten, 94 Abbildungen, 1 Tabelle. 1950. (1137)

Morphologie der Pflanzen von *L. Geitler*. 3., umgearbeitete Auflage. 126 Seiten, 114 Abbildungen. 1953. (141)

Pflanzengeographie von *L. Diels †*. 5., völlig neubearbeitete Auflage von *F. Mattick*. 195 Seiten, 2 Karten. 1958. (389/389a)

Die Laubhölzer. Kurzgefaßte Beschreibung der in Mitteleuropa gedeihenden Laubbäume und Sträucher von *F. W. Neger †* und *E. Münch †*. 3., durchgesehene Auflage, herausgegeben von *B. Huber*. 143 Seiten, 63 Figuren, 7 Tabellen. 1950. (718)

Die Nadelhölzer (Koniferen) und übrigen Gymnospermen von *F. W. Neger †* und *E. Münch †*. 4. Auflage, durchgesehen und ergänzt von *B. Huber*. 140 Seiten, 75 Figuren, 4 Tabellen, 3 Karten. 1952. (355)

Pflanzenzüchtung von *H. Kuckuck*. 2 Bände.
- I: Grundzüge der Pflanzenzüchtung. 3., völlig umgearbeitete und erweiterte Auflage. 132 Seiten, 22 Abbildungen. 1952. (1134)
- II: Spezielle gartenbauliche Pflanzenzüchtung (Züchtung von Gemüse, Obst und Blumen). 178 Seiten, 27 Abbildungen. 1957. (1178/1178a)

Zoologie

Entwicklungsphysiologie der Tiere von *F. Seidel*. 2 Bände.
- I: Ei und Furchung. 126 Seiten, 29 Abbildungen. 1953. (1162)
- II: Körpergrundgestalt und Organbildung. 159 Seiten, 42 Abbildungen. 1953. (1163)

Das Tierreich
- I: Einzeller, Protozoen von *E. Reichenow*. 115 Seiten, 59 Abbildungen. 1956. (444)
- II: Schwämme und Hohltiere von *H. J. Hannemann*. 95 Seiten, 80 Abbildungen. 1956. (442)
- III: Würmer. Platt-, Hohl-, Schnurwürmer, Kamptozoen, Ringelwürmer, Protracheaten, Bärtierchen, Zungenwürmer von *S. Jaeckel*. 114 Seiten, 36 Abbildungen. 1955. (439)
- IV, 1: Krebse von *H. E. Gruner* und *K. Deckert*. 114 Seiten, 43 Abbildungen. 1956. (443)
- IV, 2: Spinnentiere (Trilobitomorphen, Fühlerlose) und Tausendfüßler von *A. Kaestner*. 96 Seiten, 55 Abbildungen. 1955. (1161)
- IV, 3: Insekten von *H. von Lengerken*. 128 Seiten, 58 Abbildungen. 1953. (594)
- V: Weichtiere. Urmollusken, Schnecken, Muscheln und Kopffüßer von *S. Jaeckel*. 92 Seiten, 34 Abbildungen. 1954. (440)
- VI: Stachelhäuter. Tentakulaten, Binnenatmer und Pfeilwürmer von *S. Jaeckel*. 100 Seiten, 46 Abbildungen. 1955. (441)
- VII, 2: Fische von *D. Lüdemann*. 130 Seiten, 65 Abbildungen. 1955. (356)
- VII, 3: Lurche (Chordatiere) von *K. Herter*. 143 Seiten, 129 Abbildungen. 1955. (847)
- VII, 4: Kriechtiere (Chordatiere) von *K. Herter*. 200 Seiten, 142 Abbildungen. 1960. (447/447a)
- VII, 5: Vögel (Chordatiere) von *H.-A. Freye*. 156 Seiten, 69 Abbildungen. 1960. (869)
- VII, 6: Säugetiere (Chordatiere) von *Th. Haltenorth*. In Vorbereitung. (282)

Land- und Forstwirtschaft

Landwirtschaftliche Tierzucht. Die Züchtung und Haltung der landwirtschaftlichen Nutztiere von *H. Vogel*. 139 Seiten, 11 Abbildungen. 1952. (228)

Kulturtechnische Bodenverbesserungen von *O. Fauser.* 2 Bände. 5., verbesserte und vermehrte Auflage.
I: Allgemeines, Entwässerung. 127 Seiten, 49 Abbildungen. 1959. (691)
II: Bewässerung, Ödlandkultur, Umlegung. 159 Seiten, 67 Abbildungen. 1961. (692)

Agrikulturchemie von *K. Scharrer.* 2 Bände.
I: Pflanzenernährung. 143 Seiten. 1953. (329)
II: Futtermittelkunde. 192 Seiten. 1956. (330/330a)

Geologie, Mineralogie, Kristallographie

Geologie von *F. Lotze.* 2., verbesserte Auflage. 163 Seiten, 80 Abbildungen. 1961. (13)

Mineral- und Erzlagerstättenkunde von *H. Huttenlocher †.* 2 Bände.
I: 128 Seiten, 34 Abbildungen. 1954. (1014)
II: 156 Seiten, 48 Abbildungen. 1954. (1015/1015a)

Allgemeine Mineralogie. 10., erweiterte Auflage der „Mineralogie" von *R. Brauns †*, bearbeitet von *K. F. Chudoba.* 120 Seiten, 120 Figuren, 1 Tafel, 3 Tabellen. 1958. (29)

Spezielle Mineralogie. 10., erweiterte Auflage der „Mineralogie" von *R. Brauns †*, bearbeitet von *K. F. Chudoba.* 170 Seiten, 125 Figuren, 4 Tabellen. 1959. (31/31a)

Petrographie (Gesteinskunde) von *W. Bruhns †.* Neubearbeitet von *P. Ramdohr.* 5., erweiterte Auflage. 141 Seiten, 10 Figuren. 1960. (173)

Kristallographie von *W. Bruhns †.* 5. Auflage, neubearbeitet von *P. Ramdohr.* 109 Seiten, 164 Abbildungen. 1958. (210)

Einführung in die Kristalloptik von *E. Buchwald.* 4., verbesserte Auflage. 138 Seiten, 121 Figuren. 1952. (619)

Lötrohrprobierkunde. Mineraldiagnose mit Lötrohr- und Tüpfelreaktion. Von *M. Henglein.* 4., verbesserte Auflage. 91 Seiten, 11 Figuren. 1961. (483)

Technik

Graphische Darstellung in Wissenschaft und Technik von *M. Pirani.* 3., erweiterte Auflage bearbeitet von *J. Fischer* unter Benutzung der von *I. Runge* besorgten 2. Auflage. 216 Seiten, 104 Abbildungen. 1957. (728/728a)

Technische Tabellen und Formeln von *W. Müller.* 5., verbesserte und erweiterte Auflage von *E. Schulze.* 1961. In Vorbereitung. (579)

Elektrotechnik

Grundlagen der allgemeinen Elektrotechnik von *O. Mohr.* 2., durchgesehene Auflage. 260 Seiten, 136 Bilder, 14 Tafeln. 1961. (196/196a)

Die Gleichstrommaschine von *K. Humburg.* 2 Bände. 2., durchgesehene Auflage.
I: 102 Seiten, 59 Abbildungen. 1956. (257)
II: 101 Seiten, 38 Abbildungen. 1956. (881)

Die synchrone Maschine von *K. Humburg.* Neudruck. 109 Seiten, 78 Abbildungen. 1951. (1146)

Induktionsmaschinen von *F. Unger.* 2., erweiterte Auflage. 142 Seiten, 49 Abbildungen. 1954. (1140)

Die komplexe Berechnung von Wechselstromschaltungen von *H. H. Meinke.* 2. Auflage. 180 Seiten, 120 Abbildungen. 1957. (1156/1156a)

Theoretische Grundlagen zur Berechnung der Schaltgeräte von *F. Kesselring.* 3. Auflage. 144 Seiten, 92 Abbildungen. 1950. (711)

Einführung in die Technik selbsttätiger Regelungen von *W. zur Megede.* 2., durchgesehene Auflage. 176 Seiten, 86 Abbildungen. 1961. (714/714a)

Elektromotorische Antriebe (Grundlagen für die Berechnung) von *A. Schwaiger.* 3., neubearbeitete Auflage. 96 Seiten, 34 Abbildungen. 1952. (827)

Überspannungen und Überspannungsschutz von *G. Frühauf.* Durchgesehener Neudruck. 122 Seiten, 98 Abbildungen. 1950. (1132)

Maschinenbau

Metallkunde von *H. Borchers.* 2 Bände.
I: Aufbau der Metalle und Legierungen. 4. Auflage. 120 Seiten, 90 Abbildungen, 2 Tabellen. 1959. (432)
II: Eigenschaften, Grundzüge der Form- und Zustandsgebung. 3. und 4. Auflage. 179 Seiten, 107 Abbildungen, 10 Tabellen. 1959. (433/433a)

Die Werkstoffe des Maschinenbaues von *A. Thum †* und *C. M. v. Meysenbug.* 2 Bände.
I: Einführung in die Werkstoffprüfung. 2., neubearbeitete Auflage. 100 Seiten, 7 Tabellen, 56 Abbildungen. 1956. (476)
II: Die Konstruktionswerkstoffe. 132 Seiten, 40 Abbildungen. 1959. (936)

Dynamik von *W. Müller.* 2 Bände. 2., verbesserte Auflage.
I: Dynamik des Einzelkörpers. 128 Seiten, 48 Figuren. 1952. (902)
II: Systeme von starren Körpern. 102 Seiten, 41 Figuren. 1952. (903)

Technische Schwingungslehre von *L. Zipperer.* 2 Bände. 2., neubearbeitete Auflage.
I: Allgemeine Schwingungsgleichungen, einfache Schwinger. 120 Seiten, 101 Abbildungen. 1953. (953)
II: Torsionsschwingungen in Maschinenanlagen. 102 Seiten, 59 Abbildungen. 1955. (961/961a)

Werkzeugmaschinen für Metallbearbeitung von *K. P. Matthes.* 2 Bände.
I: 100 Seiten, 27 Abbildungen, 11 Zahlentafeln, 1 Tafelanhang. 1954. (561)
II: Fertigungstechnische Grundlagen der neuzeitlichen Metallbearbeitung. 101 Seiten, 30 Abbildungen, 5 Tafeln. 1955. (562)

Transformatoren von *W. Schäfer.* 3., überarbeitete und ergänzte Auflage. 130 Seiten, 73 Abbildungen. 1957. (952)

Das Maschinenzeichnen mit Einführung in das Konstruieren von *W. Tochtermann.* 2 Bände. 4. Auflage.
I: Das Maschinenzeichnen. 156 Seiten, 75 Tafeln. 1950. (589)
II: Ausgeführte Konstruktionsbeispiele. 130 Seiten, 58 Tafeln. 1950. (590)

Die Maschinenelemente von *E. A. vom Ende.* 3., verbesserte Auflage. 166 Seiten, 175 Figuren, 9 Tafeln. 1956. (3/3a)

Die Maschinen der Eisenhüttenwerke von *L. Engel*. 156 Seiten, 95 Abbildungen. 1957. (583/583 a)

Walzwerke von *H. Sedlaczek* † unter Mitarbeit von *F. Fischer* und *M. Buch*. 232 Seiten, 157 Abbildungen. 1958. (580/580 a)

Getriebelehre von *P. Grodzinski* †. 2 Bände.
I: Geometrische Grundlagen. 3., neubearbeitete Auflage von *G. Lechner*. 164 Seiten, 131 Figuren. 1960. (1061)

Gießereitechnik von *H. Jungbluth*. 2 Bände.
I: Eisengießerei. 126 Seiten, 44 Abbildungen. 1951. (1159)

Die Dampfturbinen. Ihre Wirkungsweise, Berechnung und Konstruktion von *C. Zietemann*. 3 Bände. 3., verbesserte Auflage.
I: Theorie der Dampfturbinen. 139 Seiten, 48 Abbildungen. 1955. (274)
II: Die Berechnung der Dampfturbinen und die Konstruktion der Einzelteile. 132 Seiten, 111 Abbildungen. 1956. (715)
III: Die Regelung der Dampfturbinen, die Bauarten, Turbinen für Sonderzwecke, Kondensationsanlagen. 126 Seiten, 90 Abbildungen. 1956. (716)

Verbrennungsmotoren von *W. Endres*. 3 Bände.
I: Überblick. Motor-Brennstoffe. Verbrennung im Motor allgemein, im Otto- und Diesel-Motor. 153 Seiten, 57 Abbildungen. 1958. (1076/1076 a)
II: Die heutigen Typen der Verbrennungskraftmaschine. In Vorbereitung. (1184)
III: Die Einzelteile des Verbrennungsmotors. In Vorbereitung. (1185)

Autogenes Schweißen und Schneiden von *H. Niese*. 5. Auflage, neubearbeitet von *A. Küchler*. 136 Seiten, 71 Figuren. 1953. (499)

Die elektrischen Schweißverfahren von *H. Niese*. 2. Auflage, neubearbeitet von *H. Dienst*. 136 Seiten, 58 Abbildungen. 1955. (1020)

Die Hebezeuge. Entwurf von Winden und Kranen von *G. Tafel*. 2., verbesserte Auflage. 176 Seiten, 230 Figuren. 1954. (414/414 a)

Wasserbau

Wasserkraftanlagen von *A. Ludin* unter Mitarbeit von *W. Borkenstein*. 2 Bände.
I: Planung, Grundlagen und Grundzüge. 124 Seiten, 60 Abbildungen. 1955. (665)
II: Anordnung und Ausbildung der Hauptbauwerke. 184 Seiten, 91 Abbildungen. 1958. (666/666 a)

Verkehrswasserbau von *H. Dehnert*. 3 Bände.
I: Entwurfsgrundlagen, Flußregelungen. 103 Seiten, 52 Abbildungen. 1950. (585)
II: Flußkanalisierung und Schiffahrtskanäle. 94 Seiten, 60 Abbildungen. 1950. (597)
III: Schleusen und Hebewerke. 98 Seiten, 70 Abbildungen. 1950. (1152)

Wehr- und Stauanlagen von *H. Dehnert*. 134 Seiten, 90 Abbildungen. 1952. (965)

Talsperren von *F. Tölke*. 122 Seiten, 70 Abbildungen. 1953. (1044)

Hoch- und Tiefbau

Die wichtigsten Baustoffe des Hoch- und Tiefbaus von *O. Graf †*. 4., verbesserte Auflage. 131 Seiten, 63 Abbildungen. 1953. (984)

Baustoffverarbeitung und Baustellenprüfung des Betons von *A. Kleinlogel*. 2., neubearbeitete und erweiterte Auflage. 126 Seiten, 35 Abbildungen. 1951. (978)

Festigkeitslehre. 2 Bände.
I: Elastizität, Plastizität und Festigkeit der Baustoffe und Bauteile von *W. Gehler †* und *W. Herberg*. Durchgesehener und erweiterter Neudruck. 159 Seiten, 118 Abbildungen. 1952. (1144)
II: Formänderung, Platten, Stabilität und Bruchhypothesen von *W. Herberg* und *N. Dimitrov*. 187 Seiten, 94 Abbildungen. 1955. (1145/1145a)

Grundlagen des Stahlbetonbaus von *A. Troche*. 2., neubearbeitete und erweiterte Auflage. 208 Seiten, 75 Abbildungen, 17 Bemessungstafeln, 20 Rechenbeispiele. 1953. (1078)

Statik der Baukonstruktionen von *A. Teichmann*. 3 Bände.
I: Grundlagen. 101 Seiten, 51 Abbildungen, 8 Formeltafeln. 1956. (119)
II: Statisch bestimmte Stabwerke. 107 Seiten, 52 Abbildungen, 7 Tafeln. 1957. (120)
III: Statisch unbestimmte Systeme. 112 Seiten, 34 Abbildungen, 7 Formeltafeln. 1958. (122)

Fenster, Türen, Tore aus Holz und Metall. Eine Anleitung zu ihrer guten Gestaltung, wirtschaftlichen Bemessung und handwerksgerechten Konstruktion von *W. Wickop †*. 4., überarbeitete und ergänzte Auflage. 155 Seiten, 95 Abbildungen. 1955. (1092)

Heizung und Lüftung von *W. Körting*. 2 Bände. 9., neubearbeitete Auflage.
I: Das Wesen und die Berechnung der Heizungs- und Lüftungsanlagen. 1961. In Vorbereitung. (342)
II: Die Ausführung der Heizungs- und Lüftungsanlagen. 1961. In Vorbereitung. (343)

Industrielle Kraft- und Wärmewirtschaft von *F. A. F. Schmidt* und *A. Beckers*. 167 Seiten, 73 Abbildungen. 1957. (318/318a)

Vermessungswesen

Vermessungskunde von *P. Werkmeister*. 3 Bände.
I: Stückvermessung und Nivellieren. 10., völlig neubearbeitete Auflage von *W. Grossmann*. 143 Seiten, 117 Figuren. 1958. (468)
II: Horizontalaufnahmen und ebene Rechnungen. 8., völlig neubearbeitete Auflage von *W. Grossmann*. 133 Seiten, 97 Figuren. 1959. (469)
III: Trigonometrische und barometrische Höhenmessung. Tachymetrie und Absteckungen. 7., völlig neubearbeitete Auflage von *W. Grossmann*. 136 Seiten, 97 Figuren. 1960. (862)

Photogrammetrie von *G. Lehmann*. 189 Seiten, 132 Abbildungen. 1959. (1188/1188a)

Sammlung Göschen / Bandnummernfolge

1 Langosch, Der Nibelunge Nôt
3/3a v. Ende, Maschinenelemente
10 Jiriczek-Wisniewski, Kudrun-und Dietrich-Epen
13 Lotze, Geologie
18 Maurer, Hartmann von Aue. Der arme Heinrich
19 Altheim, Römische Geschichte I
20 Hofstaetter, Dt. Sprachlehre
22 Maurer, Gottfried von Strassburg
29 Brauns-Chudoba, Allg. Mineralog.
31/31a Brauns-Chudoba, Spez. Mineralogie
35 Treue, Dt. Geschichte von 1648 bis 1740
37 Klemm, Anorganische Chemie
38/38a Schlenk, Organische Chemie
39 Treue, Dt. Geschichte von 1713 bis 1806
42 Behn, Vorgeschichte Europas
44 Kresze, Physikalische Methoden der organischen Chemie
47 Fischer-Rohrbach, Arithmetik
51/51a Ringleb, Mathem. Formelslg.
52 Bieler, Röm. Literaturgesch. I
59 Krahe, Indog. Sprachwiss. I
60 Biehle, Stimmkunde
61 Biehle, Redetechnik
64 Krahe, Indog. Sprachwiss. II
65/65a Grotemeyer, Analyt. Geomet.
66 Berneker-Vasmer, Russische Grammatik
70 Nestle-Liebich, Gesch. d. griech. Literatur I
71 Schulze, Allgemeine und physikalische Chemie I
76 Döring, Einf. i. d. th. Physik I
77 Döring, Einf. i. d. th. Physik II
78 Döring, Einf. i. d. th. Physik III
79 Hempel, Got. Elementarbuch
80 Weigert, Stilkunde I
81 Schubert-Haussner-Erlebach, Vierstell. Logarithmentafeln
86 Barner, Differential- u. Integralrechn. I
96 Hartmann, Einf. in die allgem. Biologie
99 Hessenberg-Kneser, Ebene und sphär. Trigonometrie
101 v. Wiese, Soziologie
103 Dahrendorf, Industrie- und Betriebssoziologie
104/104a Hofstätter, Sozialpsycholog.
111 Hoffmann-Debrunner, Gesch. der griechischen Sprache I
114 Debrunner, Gesch. der griechisch. Sprache II
117 Brandenstein, Griechische Sprachwissenschaft I
118/118a Brandenstein, Griechische Sprachwissenschaft II
119 Teichmann, Statik der Baukonstruktionen I
120 Teichmann, Statik der Baukonstruktionen II
122 Teichmann, Statik der Baukonstruktionen III
125 Vossler-Noyer-Weidner, Ital. Literaturgeschichte
128/128a Lausberg, Romanische Sprachwissenschaft I
136 Mahler, Physikal. Formelslg.
141 Geitler, Morphologie der Pflanzen
142 Haack. Darstellende Geometrie I
143 Haack, Darstellende Geometrie II
144 Haack, Darstellende Geometrie III
145 Weimer, Gesch. der Pädagogik
148 Kolms, Finanzwissenschaft I
156/156a Landmann, Philosophische Anthropologie
170 Oehlmann, Musik des 19. Jhs.
171/171a Oehlmann, Musik des 20. Jhs.
173 Bruhns-Ramdohr, Petrographie
180 Böhm, Versicherungsmathem. I
184 Blümcke, Textilindustrie I
196/196a Mohr, Grundlagen der Elektrotechnik
200/200a Gottschald, Dt. Rechtschreibungswörterbuch
210 Bruhns-Ramdohr, Kristallogr.
220/220a Moser, Allg. Musiklehre
221/221a Jander-Jahr, Maßanalyse
222 Hassak-Beutel-Kutzelnigg, Warenkunde I
223 Hassak-Beutel-Kutzelnigg, Warenkunde II
226 Hofmann, Gesch. d. Mathem. I
228 Vogel, Landw. Tierzucht
231/231a Ehrlich, Geschichte Israels
238 Krahe, German. Sprachwiss. I
243 Mahler, Physikal. Aufgabenslg.
247/247a Hofmann-Jander, Qualitative Analyse

BANDNUMMERNFOLGE

250 Lausberg, Romanische Sprachwissenschaft II
253 Dassler, Elektrochemie II
257 Humburg, Gleichstrommaschine I
264 Lockemann, Gesch. d. Chemie I
265/265a Lockemann, Geschichte der Chemie II
270 Kirn, Einführung in die Geschichtswissenschaft
274 Zietemann, Dampfturbinen I
279 Jacob-Hohenleutner, Quellenkde. der deutschen Geschichte I
280 Jacob-Hohenleutner, Quellenkde. der deutschen Geschichte II
281 Leisegang, Einführung in die Philosophie
282 Haltenorth, Säugetiere
284 Jacob-Weden, Quellenkunde der deutschen Geschichte III
318/318a Schmidt-Beckers, Industrielle Kraft- u. Wärmewirtschaft
319 Krug, Australien und Ozeanien
329 Scharrer, Agrikulturchemie I
330/330a Scharrer, Agrikulturchem. II
335 Klug, Fette und Öle
336 Braun-Klug, Seifenfabrikation
342 Körting, Heizung und Lüftung I
343 Körting, Heizung und Lüftung II
344 Moser, Musikästhetik
354/354a Valentiner-König, Vektoren und Matrizen
355 Neger-Münch, Nadelhölzer
356 Lüdemann, Fische
374 Döring, Einführung in die theoret. Physik IV
375 Preller, Geschichte Englands I
389/389a Diels-Mattick, Pflanzengeographie
391 Kolms, Finanzwissenschaft II
394/394a Schilling, Von der Renaissance bis Kant
414/414a Tafel, Hebezeuge
422 Gottschald, Dt. Personennamen
423 Adler, Fünfstellige Logarithmen
432 Borchers, Metallkunde I
433/433a Borchers, Metallkunde II
435 Burau, Algebr. Kurven u. Flächen
439 Jaeckel, Würmer
440 Jaeckel, Weichtiere
441 Jaeckel, Stachelhäuter
442 Hannemann, Schwämme und Hohltiere
443 Gruner-Deckert, Krebse
444 Reichenow, Einzeller
445 Asmus, Physikal.-chem. Rechenaufgaben
447/447a Herter, Kriechtiere
452 Bahrdt-Scheer, Stöchiometrische Aufgabensammlung
468 Werkmeister-Grossmann, Vermessungskunde I
469 Werkmeister-Grossmann, Vermessungskunde II
476 Thum-Meysenbug, Die Werkstoffe des Maschinenbaues I
483 Henglein, Lötrohrprobierkunde
499 Niese-Küchler, Autogenes Schweißen
500 Simmel, Hauptprobleme der Philosophie
536 Lehmann, Kant
538 Rumpf, Archäologie I
539 Rumpf, Archäologie II
561 Matthes, Werkzeugmaschinen I
562 Matthes, Werkzeugmaschinen II
564 Behn, Kultur der Urzeit I
565 Behn, Kultur der Urzeit II
566 Behn, Kultur der Urzeit III
571 Lehmann, Philosophie d. 19. Jh. I
576/576a Moser, Gesangskunst
579 Müller-Schulze, Techn. Tabellen
580/580a Sedlaczek-Fischer-Buch, Walzwerke
583/583a Engel, Maschinen der Eisenhüttenwerke
585 Dehnert, Verkehrswasserbau I
587 Kalitsunakis-Steinmetz, Neugriech.-dt. Gesprächsbuch
589 Tochtermann, Maschinenzeichnen I
590 Tochtermann, Maschinenzeichnen II
594 v. Lengerken, Insekten
597 Dehnert, Verkehrswasserbau II
601 Mutschmann, Engl. Phonetik
619 Buchwald, Kristalloptik
665 Ludin-Borkenstein, Wasserkraftanlagen I
666/666a Ludin-Borkenstein, Wasserkraftanlagen II
668 Knopp, Funktionentheorie I
677 Altheim, Röm. Geschichte II
679 Altheim, Röm. Geschichte III

1147 v. Waltershausen, Kunst des Dirigierens
1148 Pepping, Der polyphone Satz I
1152 Dehnert, Verkehrswasserbau III
1153/1153a Mellerowicz, Allgemeine Betriebswirtschaftslehre II
1154/1154a Mellerowicz, Allgemeine Betriebswirtschaftslehre III
1155 Schwartz, Mikrobiologie I
1156/1156a Meinke, Komplexe Berechn. v. Wechselstromschalt.
1157 Schwartz, Mikrobiologie II
1158 Mayrhofer, Sanskrit-Grammatik
1159 Jungbluth, Gießereitechnik I
1160 Dibelius-Kümmel, Paulus
1161 Kaestner, Spinnentiere
1162 Seidel, Entwicklungsphysiologie der Tiere I
1163 Seidel, Entwicklungsphysiologie der Tiere II
1164/1164a Pepping, Der polyphone Satz II
1165/1165a Bechert-Gerthsen, Atomphysik IV
1169 Paulsen, Allgemeine Volkswirtschaftslehre I
1170 Paulsen, Allgemeine Volkswirtschaftslehre II
1171 Paulsen, Allgemeine Volkswirtschaftslehre III
1172 Paulsen, Allgemeine Volkswirtschaftslehre IV
1173 Hamann-Funke-Hermann, Chemie der Kunststoffe
1176/1176a Lorenzen, Formale Logik
1178/1178a Kuckuck, Pflanzenzüchtung II
1179/1179a Strubecker, Differentialgeometrie II
1180/1180a Strubecker, Differentialgeometrie III
1181 Franz, Topologie I
1183/1183a Nicolas, Finanzmathematik
1184 Endres, Verbrennungsmot. II
1185 Endres, Verbrennungsmot. III
1186/1186a Mellerowicz, Allgemeine Betriebswirtschaftslehre IV
1187 Lau, Luther
1188/1188a Lehmann, Photogrammetrie
1189/1189a Päsler, Mechanik deformierbarer Körper
1190 Stupperich, Melanchthon
1191 Bräuer, Slav. Sprachwiss. I
1193 Fürstenberg, Wirtschaftssoziologie
1194 Wendt, Gesch. d. Volkswirtschaftslehre

Autorenregister

AUTORENREGISTER

FSC
www.fsc.org
MIX
Papier | Fördert gute Waldnutzung
FSC® C083411

Kolibri 360 GmbH
Ferdinand-Jühlke-Straße 7
99095 Erfurt, Deutschland
produktsicherheit@kolibri360.de